スタート

あなたは、子どもたちに協同的な力を培いたいと思いますか？

NO

YES

教室ファシリテーションの10のアイテムは、あなたのような方にご活用いただきたいと感じています。どうぞよろしくお願いいたします。
ところで、協同学習やファシリテーション、ディベートなどを実践したことがありますか？

子どもたちに意見交流させることを得意としていますか？

協同学習やファシリテーション、ディベートなどを年に10回以上実践していますか？

話すことと聞くこと、人のコミュニケーションにどちらが大切だと思いますか？

話す

子どもたちに多角的にものを見る目が育っていると思いますか？

子どもたちに自ら課題を見つける力が育っていると感じていますか？

必要なら授業中に子どもたちが教室の中を自由に立ち歩いて交流すべきと思いますか？

＼YES、NOでわかる／

ぴったりの

ンはこれだ！

NO

JN298965

教室ファシリテーション 10のアイテム 100のステップ

授業への参加意欲が劇的に高まる
110のメソッド

堀 裕嗣 著

まえがき

かつて子どもたちは教師が語り出せば静かに聞きました。

私が教職に就いたのは一九九一年のことです。右も左もわからぬまま中学一年生を担任した私は、まわりの先生の見様見真似と、自分がかつて学んできた担任の先生のイメージとを融合することで、なんとなく学級担任として子どもたちの前に立っていました。スキルもなく、人間的にも未熟で、いま考えると申し訳ないような学級経営であり教科運営でした。

しかし、ひとたび私が語り出せば、どんなにざわついていても教室はスーッと静かになり、子どもたちは、私に顔を向けました。先生が何か言おうとしている、ちゃんと聞かなくちゃ……子どもたちはそういう表情を向けてくれました。それがあたりまえでした。

そんな子どもたちが変わってきたのは、いつの頃だったでしょうか。おそらく九〇年代末から二〇〇〇年代初頭にかけてのことだったように思います。

先生の話を聞けない子どもたちが登場します。聞かないのではありません。聞けないのです。

椅子に座っていられない子どもたちが登場します。座らないのではありません。座っていられないのです。悪気はないのです。かつての校内暴力世代のように、意識的に教師に反抗しているのではないのです。反抗してくるのではあれば、教師はその子と人間関係をつくり、「まあ、しゃーねーから堀の言うことは聞いてやるか」という状態に導くことができます。彼らは話を聞けなかったり椅子に座っていられなかったりするわけではありませんから、教師との信頼関係が築けたときには指導に従います。しかし、聞けない子、座っていられない子は、別に教師が嫌いなわけではありません。それどころか人なつっこく、学校や教師が大好きであることさえ珍しくはありません。それでもやはり聞けないし、座っていられないのです。

当時、この現象は「子どもの変容」と言われました。「学級崩壊」「学校崩壊」という語がメディアを闊歩しました。行政からは「生きる力」「心の教育」が叫ばれました。「管理教育批判」の世論が雲散霧消していきました。その代わり、「指導力不足教員」「不適格教員」の語がマスコミを賑わすようになりました。「子どもの変容」論は「保護者の変容」論にまで拡散し、「モンスター・ペアレンツ」なる語まで発明される始末……。

しかし、こうした現象は、たった一つの観点を変えるだけで別の見方ができたのです。そのことに学校教育は気づけませんでした。いいえ、学校現場の多くはいまだに気づけてはいません。それが学校教育にとってあまりにも当然のことであり、あまりにも学校教育の基幹として長く続いてきたために、だれもそれを疑うことができないのです。

それはひと言で言うなら、「学校のあらゆる教育活動が座学だけでできている」ということです。子どもたちは学校に来ると、ごくごく一部の行事や総合の体験学習を除いて、ただただ黙って椅子に座り、先生の話を聞き、ノートをとり、先生の期待に添う発言をすることを求められます。先生は授業において、子どもたちが自分の話を真剣に聞いてくれることを当然の前提とし、家庭において子どもたちが復習しなければ学習の成果は上がらないという理屈で動いています。保護者もその成果を上げるために協力するのが当然という理屈で動いています。それがシステムとして、意識的・無意識的に強制力をもっています。ですから、そこから逸脱する子どもたちや保護者たちは「問題傾向の子」「問題ありの親」というレッテルを貼られるのです。

この、これまで当然と思われていた学校教育システム、授業システムが〈制度疲労〉を起こしているのです。もちろん、授業から座学をすべて排除するなどということはできません。授業の中心は知識の伝達であり技術の継承ですから、それは不可能なことです。しかし、「座学だけでできている多くの授業」を「座学中心だけれど交流場面も必ずある授業」に転換できないでしょうか。この明らかに〈制度疲労〉を起こしているシステムを少しだけ、現代的な子どもたちの実態にあわせてシフトしてみてはいかがでしょうか。

〈教室ファシリテーション〉はこうした発想から生まれた提案なのです。

教室ファシリテーション 10のアイテム 100のステップ

授業への参加意欲が劇的に高まる110のメソッド

Contents

●巻頭付録

＼YES, NOでわかる／
いま、あなたにぴったりの
教室ファシリテーションはこれだ！

第2章 教室ファシリテーション100のステップ

序章

「教室ファシリテーション」とは？

お葬式的な授業から結婚式的な授業へ

まずは「たとえ話」を一つ。あくまで「たとえ話」ですから、あくまで「たとえ話」としてお読み下さい。

職員室になんとなく好きではない同僚がいるとします。必然的にあまりつきあいもないし、必要以外は会話もしません。呑み会でもその同僚の隣になるとなんとなく落ち着きません。笑顔もつくり笑顔になってしまいます。

A．そんな彼が結婚をすることになりました。結婚式の案内状をもらいました。それほど大きな学校ではありません。いまひとつ苦手な同僚とはいえ、義理で出席することにしました。

B．そんな彼の御母堂が亡くなりました。もちろんお会いしたこともないのですが、同じ町でお葬式が行われるとなると出席しないわけにもいきません。いまひとつ苦手な同僚とはいえ、義理で出席することにしました。

さて、一般にAへの出席とBへの出席とでは、どちらが苦痛に感じられるでしょうか。普通に考えて、より苦痛が伴うのはBのほうではないでしょうか。そしてそれはなぜかといえば、お葬式が祭壇に向かって黙って座っていなければならないからです。

　結婚式ならその同僚との関係はどうあれ、多くの場合円卓で、仲の良い同僚とわいわいやりながら参加することができます。そこが結婚式だというだけで、やっていることはふだんの呑み会と変わりません。その同僚の悪口をいうことが厳禁であるほかは、比較的自由です。トイレに行きたくなれば、主賓の入退場と両家挨拶以外なら我慢する必要もありません。

　しかしお葬式は違います。ただじっとしていなければなりません。お坊さんのお経も意味がわかるわけでもなく、そこに何か興味を惹かれるようなパフォーマンスがあるわけでもありません。近くには仲の良い同僚がいますが、会話をすることは厳禁です。それどころか、じっと座っていてお尻が痛くなっても、座る位置をちょっと変えるのもはばかられます。最初から最後までトイレに立つことさえできません。

　実はこのお葬式が一斉授業です。授業を義理で出席しているお葬式と比べるのは何事かと思われる向きもあるかもしれません。しかし、生徒たちは授業に義理で出ているのです。決して自発的にそこにいるわけではありません。もちろんそういう子がまったくいないわけではないでしょうが、それはごくごく少数に過ぎません。

　一斉授業の理想は、授業づくりにおいて、まるで自分の親が亡くなったときの葬式のような、子どもたちが心の底から学んだ、心の底から熱くなったという状態をつくることです。そのために、読経において、だれも興味を抱いていないお経の読み方を工夫して、参列者を惹き付け、心にしみいるような読経をしようと努力するお坊さん、それが一斉授業だけで子どもたちを惹き付けようとする教師の姿なのです。しかしそんなことがあり得るでしょうか。構造的にあり得ないのではないでしょうか。たまに、授業づくりにおいてそれが成立したという実践報告を聞くことがありますが、私はそういう実践報告を信用しません。誤解を怖れずに言えば、学校というシステムは所詮「強制収容所」です。もしも心の底からということがあり得たのなら、それは百歩譲っても「洗脳」であって、「教育」ではありません。

この従来の義理で出るお葬式のような授業を、せめて義理で出る結婚式くらいには抵抗を和らげてあげられないだろうか。それが〈教室ファシリテーション〉の発想なのです。

さて、最近、おもしろいネタを開発して子どもたちを惹き付けようとする「ミニネタ論」が話題になっています。また、子どもたちの集中力が授業の一単位時間は持続しないというのなら、授業を幾つかのパーツに分解してモジュール型で構成しようという動きも活発化しています。しかし、これらもまた、言ってみれば「おもしろいお坊さん」ともいえる実践群なのです。とにかくお坊さんがその場を仕切ってものすごく頑張る。そういう実践です。

またお葬式で考えてみましょう。義理でお葬式に行ってみたら、ノリのいい木魚の叩き方をして、ラップのようなお経を唱えるお坊さんでした。あなたはもう、可笑《おか》しくてしかたがありません。来てよかったとさえ思います。でも、お経が始まって5分も経つと、そのお坊さんにも飽きてきます。来てよかったという気持ちも薄れてきます。ミニネタとはこういうことなのです。しかし、ラップのお坊さんがお経を唱えて5分が経った頃、今度は長髪のかつらをかぶって髪を振り乱しながら、オーケストラの指揮者のような振る舞いを始めたらどうでしょうか。あなたもこれなら、また最初にこのお坊さんを見たときのテンションにあがれるのではないでしょうか。そのまた5分後には物真似を10連チャンでお経を、更に5分後には手品を交えながらお経を、その5分後には……。そうです。ミニネタ系の人たちがミニネタをたくさん開発するのは、ミニネタという実践の在り方が必然的に〈数〉を必要とする実践構造をもっているからなのです。

だったら、生徒たちを結婚式のように周りとのコミュニケーションによって自力で楽しむ方向に持って行くような原理・原則を開発したほうが楽なのではないか。或いはミニネタはあくまで導入で使うものとして、その後はグループワークをやっていくというような授業構造を打ち立てるほうが息長く続けられるのではないか。私が言いたいのはこういうことなのです。

担任が仕切る学級活動から生徒たちがかかわり合う学級活動へ

かつて、二年間にわたってすごい学級をつくったことがあります。中学二年・三年という持ち上がり学級でのことです。

学級担任としてぐいぐい学級を引っ張り、陸上競技大会が二年連続で優勝。合唱コンクールも二年連続で優勝。大小問わず順位のつくものはすべて二年連続で優勝しました。学級結成当初は平均点が学年最下位だった成績も、三年の春にはトップに躍り出て、その後、卒業までその座を明け渡すことはありませんでした。それどころか、テストがある度に二位との差が開いていきました。学級は仲が良く、問題らしい問題も起きません。生徒たちは担任である私の言うことをよく聞き、たまに起こるトラブルもすぐに解決しました。学級の保護者との懇親会も年に何度も行われ、保護者の協力もよく得られる学級でした。卒業式後の学活では、合唱コンクールでの優勝曲を教室いっぱいに響かせ、生徒たちも保護者も満足げな表情を見せてくれました。

私はこの二年間、教師としてほとんど何も苦労することなく、意気揚々と過ごしました。ちょうど本を書き始めたり、様々な研究会に講師として呼ばれ始めたりした頃だったので、若く、奢《おご》っていた私は、「学級経営は見切ったな」などと馬鹿なことを考えてもいました。

しかし、この学級の学級経営が失敗であることに私が気づくまで、そう時間はかかりませんでした。生徒たちが高校に進学して間もなく、私は一本の電話からそのクラスに在籍していた女子生徒が不登校になったとの知らせを受けました。それから一ヶ月ほどで、またもう一人。彼らが高校に進学して一年の間に、その学級からはなんと七人の不登校生徒が出たのです。

私はあの二年間を顧みざるを得ませんでした。

確かにあの学級はすごい学級でした。しかし、思えば、行事に取り組む姿勢は担任である私が常にリードすることによって形成されたものでした。成績もあくまで私がリードしたことによって上昇したのでした。そして何より、学級に起こったトラブルのすべてを私が間に入って、説得し納得させて解決したのでした。

生徒たちは確かに「堀先生が担任で良かった」と言いました。私も「この学級を担任できてよかった」と思いました。しかしそれはあくまで、中学校という段階、中学校というある特定の文化の中で成果を上げることができたというだけなのです。決して生徒たちに力がついたわけではなかったのです。もちろん多くの生徒たちにはあの学級がプラスになったのかもしれません。しかし、少なくとも七人の生徒たちにとって、私の学級経営は中学校の閉じられた空間でしか生きていく術を与えなかったのです。この学級は〈学級担任である私の学級〉であって、〈生徒たちにとっての学級〉にはなっていなかったのではないか、そう感じました。

私は学級内で起こることのほぼすべてを仕切り、生徒たちの集団を引っ張り、自ら悦に入るばかりで、彼らに〈かかわりの中で学ぶこと〉を体験させることを怠ったのです。

私が学級経営のスタイルを変え、年度当初こそ生徒たちをリードするものの、夏の訪れとともに一歩引いて生徒たちを〈かかわらせること〉に重きを置く、そういう学級経営にシフトしたのはそれ以来のことです。

それから十数年の歳月が経過しました。試行錯誤を繰り返しながら、私は手っ取り早く〈知識〉や〈技能〉を与えるよりも、多少時間はかかっても生徒たちが自力で〈知識〉や〈技能〉を獲得していく方向性で学習活動を構築したほうがよいと考えるようになりました。行事への取り組みにおいても、とにかく生徒たちにアイディアを提出させ、それらをできるだけ具現化していく形に切り替えました。結果重視の行事運営を過程重視の行事運営に切り替えたといえば、わかりやすいかもしれません。「まえがき」でも述べましたが、その間、時代は変化し、授業も学級経営も行事運営もどんどん難しくなってきたことも事実です。そうした中で、更なる試行錯誤を繰り返しました。

こうした取り組みの中で、私が十数年をかけて整理してきたのが〈教室ファシリテーション〉です。中でも、〝これはこの時代にもうまく機能するな〟と確信を得た〈10のアイテム〉について紹介するのが本書の基本コンセプトです。

第1章では、まず、〈教室ファシリテーション・10のアイテム〉のそれぞれがどういったものであるのか、その仕組みをおおまかに紹介しました。また第2章では、〈10のアイテム〉のそれぞれがどういう時期にどういうことを目的として行われるのに適しているのか、それを各アイテムについて〈10のステップ〉の形で提示しました。

ただし、第2章で紹介されている〈10のステップ〉は決してそのアイテムでしか使えないものではありません。あるアイテム紹介では〈教室ファシリテーション〉で用いられるツールの紹介に重きを置いたり、あるアイテム紹介では〈問いのつくり方〉に重きを置いたりというように、内容が重複しないように配慮してあります。どうぞ本書を通してお読みいただいて、〈教室ファシリテーション〉の100のスキルを身につけていただければと思います。

第1章

教室ファシリテーション 10のアイテム

1 ペア・インタビュー

年度当初のちょっと楽しい他己紹介に使えるアイテム

新年度、新しい学級を担任します。まず、何はともあれ生徒たちに自己紹介をさせたいと考えます。しかし、これがけっこう難問……。なかなかおもしろい自己紹介になりません。

生徒たちが一人、また一人と前に出て行きます。しかし、どの生徒も言うことは氏名・趣味・特技・得意教科・苦手教科。最後に「よろしくお願いします」で話をまとめる……その連続です。しかも、教科担任の中にも自己紹介させる先生がいる始末。生徒は最初の一週間で自己紹介に飽きてしまいます。そもそもよほどの大規模校でない限り、生徒たちはだれがだれなのか、それぞれがどんな人物なのか、お互いに熟知しているということが少なくありません。実は生徒たちの自己紹介を必要としているのは教師であって決して生徒ではない、そんな現実があります。

学級開きでどんな活動がなされたかということは、生徒たちにとって非常に大きなインパクトを与えます。新しい学級、新しい担任に対する第一印象を決める活動になります。そこで「つまんないことをさせられた」という印象を抱くことは、新しい学級、新しい担任との出逢いが「つまんないこと」から始まったというファースト・インパクトを与えることになります。この経験が意識的・無意識的にその後の一年間に悪影響を与える……そう言っても過言ではありません。

あなたがもしも「生徒たちが様々な問題を自分たちで解決できるような学級に育てたい」とか、或いは「学級活動や学校行事に積極的に取り組む生徒たちになってほしい」とか、要するに「学級に協同的な雰囲気をつくりたい」と願っているならば、学級開きで何気なく行われている自己紹介や学級目標づくり、学級組織づくりといった〈学級システム〉を確立していく段階から協同への布石を打ち始めること、これを明確に意識しなければなりません。

しかし、いきなりダイナミックな活動をさせるのは無理があります。ですから、**①ちょっとした工夫でちょっとした楽しさを共有して学級の空気を温める活動であること、②学級システムや交流システムに裏打ちされた今後に生きるコミュニケーション・スキルが指向されていること、**という二つの方向性を明確に意識するのです。キーワードは「ちょっとした」と「指向されている」です。今後に生きるコミュニケーション・スキルへの「指向性」を明確にもちながらも、手立てとしては「ちょっとした工夫」であり、その目的も「ちょっとした楽しさ」であるというところにミソがあります。

教師の準備にやたらと時間がかかるのでは長続きしません。準備に時間をかけるというのは、年度当初、教師が張り切っている時期だからこそできることです。でもそれは早々に息切れしてしまいます。決して長続きしません。教師ならだれしも経験のあることです。

また、**生徒たちが高いハードルを越えなければならないような活動を年度当初に仕組むのも得策ではありません。**どうせ数ヶ月もすれば、様々な教科の様々な授業で高いハードルを意識させられるのです。最初はできるだけ抵抗感の少ない活動にするのがよいでしょう。

そしてもう一つ、大事な観点として意識していただきたいのは、**年度当初に楽しさの大爆発を経験させることも良くない、**ということです。これは意外に思われるかもしれません。しかし、生徒たちの期待感が大きい年度当初に、あまりにも大きな楽しさを味わってしまうと、その後、学級に慣れ、期待感の薄れてきた時期の活動の一つひとつが見劣りするようになります。もしも担任教師が生徒たちを大爆発させるような楽しい活動ネタをもっているのなら、それは六月とか十二月とか二月とか、大きな行事がなく、一年間の中でなんとなく停滞してしまいがちな時期にとっておくべきです。学級づくりとはこういうことまで計算して行うものなのです。

〈ペア・インタビュー〉はこうした様々な観点から考えて、年度当初に取り組むのにふさわしい、有効なアイテムといえます。隣同士でインタビューをし合い、いわゆる「他己紹介」をし合うという活動ですが、①ペアでのコミュニケーション体験、②他人を紹介する楽しさと緊張感、

③他人に紹介される楽しさと照れくささ、④イラスト入りレポートづくりの楽しさ、⑤インタビュー・スキルの基礎・基本、⑥体言止めを交えた文体と、様々な要素を複合させた質の高い活動です。それでいて教師の準備は簡単で、生徒の活動としてはハズレのない、いわゆるテッパンの活動でもあります。みなさんが身につければ大きな武器になること間違いなしです。学級経営でも授業運営でも機能する、汎用性の高いアイテムとなるはずです。

また、年度当初には「他己紹介」のみならず、分担を決めて教科担任を紹介するグループ・インタビューをしたり、旅行的行事や「総合的な学習の時間」での体験活動においてお世話になった方々へのグループ・インタビューをするなど、発展性のある活動でもあります。

2 ペア・ディスカッション

学級目標・企画案・合唱曲などの主体的な話し合いを促すアイテム

年度当初、例えば学級目標をつくるという学活があります。大抵の場合、一人一つずつ候補を持ち寄って、それをすべて板書、その中から学級全員で多数決で絞り込んでいく……そんな決め方をしている場合が多いのではないでしょうか。

学校祭・文化祭に向けて、中心的に企画に携わるプロジェクトメンバーを決めるという学活があります。大抵の場合、立候補を募り、それをすべて板書、立候補者の人数が適正なら立候補者全員をプロジェクトメンバーとする、少なければもっと募る、多ければ立候補者全員に意気込みを語らせてプチ選挙のような形で絞り込んでいく……そんな決め方をしている場合が多いのではないでしょうか。

合唱コンクールに向けて、学級で歌う合唱曲を決めるという学活があります。大抵の場合、音楽科から提示された候補曲を全員で聴いて、個人個人で一〜三番くらいまでを選択、それを集計して候補曲を絞り込み、もう一度それらを聴いて多数決で決めていく……そんな決め方をしている場合が多いのではないでしょうか。

いま三つの例を取り上げましたが、皆さんはこれら三つに共通する悪しき構造がおわかりでしょうか。それは**どれも「決まればいい」という、いわば〈決めること優先〉の決め方をしている**ということです。もちろん学級担任はより良く決まればよい、生徒たちの思いやアイディアがたくさん出ればよいと考えてはいます。しかし、これらの決め方には、その「より良く決まる」ための、或いは「生徒たちの思いやアイディアがたくさん出る」ための手立てがほとんど取られていないのです。

こんなふうに考えてみましょう。例えば校内研修会で今年度の研修テーマを決めるために一人一つずつ候補を提出することになったとします。どうせ自分のが採用されることはないだろうから、まあ適当に書いて出しておけばいいだろう……そう考える人が職員室全体の何割かいるのではないでしょうか。

例えば公開研究会全体会のアトラクションとして生徒たちに何か出し物をさせることになりました。それを企画するためのプロジェクトチームをつくることにもなりました。あなたはちょっと興味があるなと感じながらも、自ら立候補するまでもない、そういうのを得意にしている人に任せてしまおう、自分なんかがいても足手まといになるかもしれないし……そんなふうに考えがちなのではないでしょうか。

しかし、これが「二人一組で案を一つ提出する」とか、「二人一組で何かアイディアを一つ出す」とか、「二人一組で研究会の日程案の試案をつくってみる」とか、そんなふうに提案されたとしたらどうでしょうか。自分と組むことになったもう一人の先生に対する責任感が生まれて、一気に「ちゃんとやらなくちゃ」モードに入ってしまうのではないでしょうか。そして、その先生とああでもないこうでもないと冗談まじりに語り合っているうちに、もしかしたら何か良いアイディアが生まれるかもしれない、或いはこの先生とディスカッションすることが勉強になるかもしれない、そんなふうに考えられるようにならないでしょうか。少なくとも、その可能性がないでしょうか。そうです。ここにこそ〈ペア・ディスカッション〉の効果があるのです。

読者のみなさんは〈ヒドゥン・カリキュラム〉という語をご存知でしょうか。「教師が意識しないままに教え続けている知識・文化・規範」と定義されます。前著『生徒指導10の原理・100の原則』（学事出版）に書きましたので詳しくはそれちらをお読みいただきたいのですが、私たち教師は意図することも意識することもなく、生徒たちに膨大な知識や規範を教え込んでいます。例えば様々な学級活動において冒頭に挙げたような決め方をしていると、生徒たちは「自分の意見はそうそう採用されることはないから、候補案をまじめに考えなくてもよい」とか「できる人やア

イディアマンなど、自他ともに認めるふさわしい人がリーダーシップをとればいいのだから、自分は立候補する必要がない」などということを学んでしまうのです。それも**これが何度も何度も繰り返されるわけですから、生徒たちに芽生えたこのような意識は回を重ねるごとに強化されていくわけです。**

学級担任はこの構造をよく理解し、それを打開するような手立てを意図的・意識的にとり続けなければならないのです。ちょっとした場面で〈ペア・ディスカッション〉を取り入れて、責任感や当事者意識、モチベーションを高める……教師にしてみれば準備もいらず気軽に取り組めますし、生徒たちにとっても人数が少なくて抵抗感の少ない話し合い形態ですから、学級の雰囲気づくりには効果の高いアイテムになります。

3 グループ・ディスカッション

学活や総合、道徳の授業で
傍観者をつくらない
アイテム

学級担任として小集団を使って話し合いをさせることがあります。学活や総合でもよくあることですし、道徳では小集団による話し合いが授業の核となっている場合も少なくありません。その意味で〈グループ・ディスカッション〉をさせたことのない読者はおそらくいないだろうと思います。しかし、ここでちょっとだけ、ご自身の実践を振り返ってみていただきたいのです。

学級で〈グループ・ディスカッション〉をさせるとき、その小集団は何人で構成していますか？　そして、その人数で話し合わせているのは何故ですか？

いかがでしょうか。

一般には五〜七人くらいの小集団で話し合わせることが多いのではないかと思います。現在、多くの学校において、学級は三十人前後から四十人。そうしますと、五〜六人の生活班が五つ、六〜七人の生活班が六つといった場合が多くなるからです。要するに、小集団の話し合いというと、当番活動の基本単位とされる生活班をそのまま用いているという場合が多いのです。

しかし、こんなふうに考えてみましょう。五〜七人という人数は、確かに給食当番や清掃当番をするのには適切な人数かもしれません。しかし、学習のために話し合いをするということを考えたとき、果たして適切な人数なのでしょうか。

結論から言うと、私は多くの場合、小集団は四人を使うことにしています。まず**図１**をご覧ください。六人班の場合、生徒たちはこのように向かい合うことになるのが一般的です。このような座席配置において、AくんとFさんがよくしゃべる生徒だったとしましょう。すると仮に議論の中心点というものを比喩的に想定するとして、この小集団における議論の中心点は●の地点にあることになります。そうすると、CくんやDさんからは議論の中心点がかなり遠く、自分が話し始めて議論の中心点を

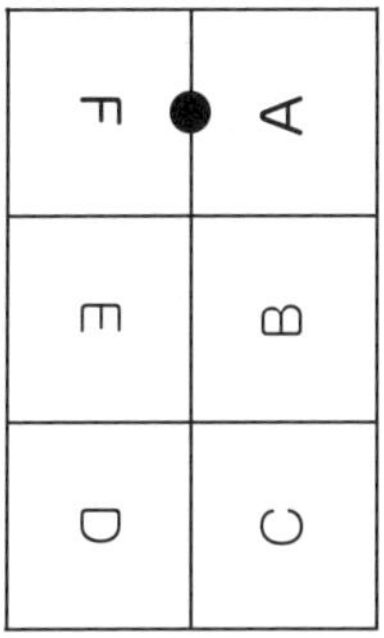

図1

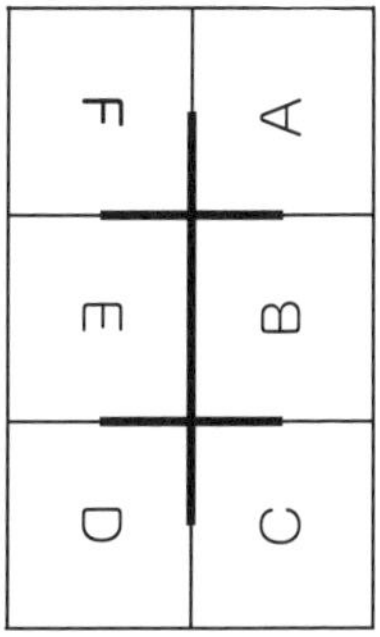

図2

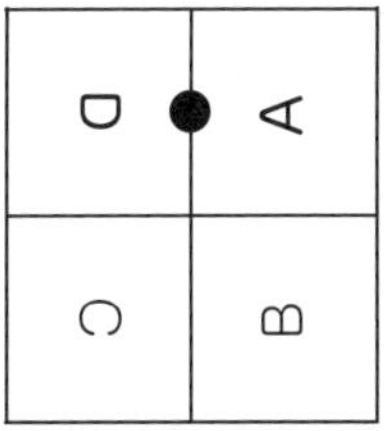

図3

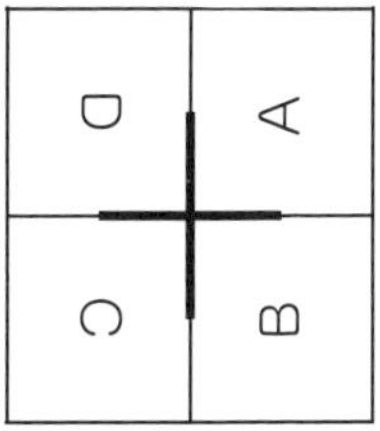

図4

自分の側にもってくるということに、抵抗感を抱くようになります。もちろんおしゃべり好きの明るい生徒にとってはどうということのないことですが、自分に自信のない、おとなしめの生徒にとっては、たったこれだけの距離がずいぶんと大きな抵抗の所以となってしまうのです。つまり、6人班による話し合いというのは、それだけ傍観者をつくりやすい構成である、といえます。言い換えれば、6人班という構成では、議論の中心の移動範囲が**図2**の太線の範囲だけ移動し得るということです。

これに対して4人班は議論の中心の移動範囲が小さいのです。**図3**をご覧ください。たとえAくんとDさんがよくしゃべる生徒だったとしても、そのときの議論の中心点はBくんから見てもCさんから見てもすぐ近くにあります。議論の中心は**図4**に示された範囲しか移動せず、どの生徒にとっても、それはいつだってちょっとだけ手を伸ばせば届きそうな、すぐ隣にあるのです。つまり、**議論の中心点の移動範囲が広いということは、それだけ〈心理的な傍観者〉が生まれやすいという構造をもつのです。**

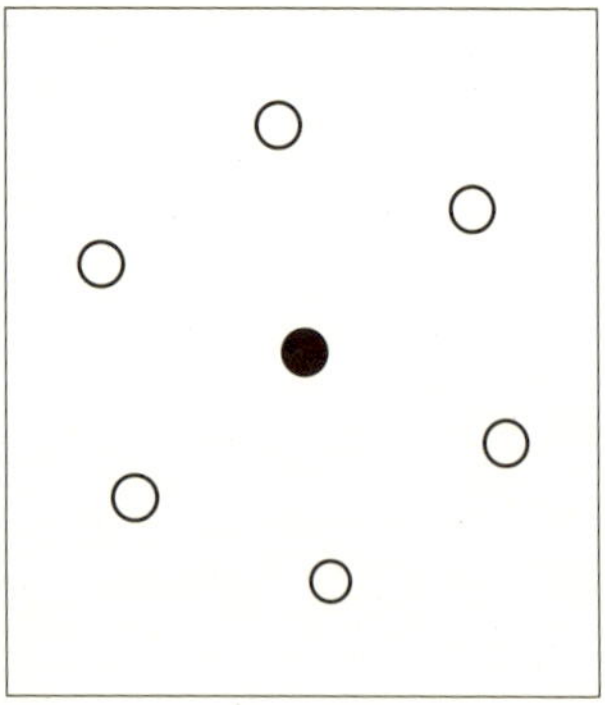

図5

もしもどうしても6人班による交流が必要と担任が判断するのなら、机をはずして**図5**のよう

な配置で椅子に座ることによって、常に議論の中心を中央にもってくることができます。話し合いの人数や座席の配置というものは、このくらい配慮が必要なものなのではないでしょうか。

　四人という人数は三人と異なり、２対１で優劣が決まってしまうということのない人数です。３対１に分かれれば75％が一致したことになり、残りの一人が納得しやすい人数でもあります。それでいて、**四派に分かれた議論が合意形成されるにはなかなか難しい人数でもあり、話し合うだけの甲斐を感じることのできる人数でもあります。**更に、四十人学級だったとしても班は十班にしかならず、**すべての班に全体発表をさせることのできる人数でもあります。**いろいろな面から見て適切な人数なのです。

4 マイクロ・ディベート

独善的になりがちな視野を広めるアイテム

認知心理学に〈メタ認知〉という概念があります。「『認知についての認知』という意味であり、自分自身の認知能力を把握したり、認知過程をモニターし制御すること」（『グラフィック認知心理学』サイエンス社）と定義されます。生徒たちの学校生活での動向を観察していて、最近殊に低下しているなと思われるのがこの〈メタ認知〉の能力です。

考えてみて下さい。学級経営や生徒指導において、私たち教師が手を焼いている一番の原因は、生徒たちが自らの立場や考え方にあまりにも強く固執し続け、独善的な判断による言動を重ねてしまって、なかなか広い視野でものを捉えたり考えたりということができないところにあるのではないでしょうか。自分とは異なる立場や考え方があること、自分の言動が他人から見てどう見えるのかといったことに配慮できない傾向が強まっているのだといえます。頻発する生徒同士の小さなトラブルも、その多くがこの構造に起因しているようにも感じます。

昨今の生徒たちに見られるこのような傾向に対して、私が有効な手立てとして強くお勧めしたいのが〈マイクロ・ディベート〉です。概ね、次のように進めます。

①ワークシートを配布し、ある論題（例えば、札幌市立北白石中学校は制服登校を廃止し、私服登校にすべきである）に対して、賛成・反対の根拠を列挙します。双方とも八つ以上、その根拠を列挙することを目指します。

②三人一組になり、Aさん・Bさん・Cさんを決めます。

③第一回戦はAさんが賛成派、Bさんが反対派、Cさんがジャッジを務めて対戦します。対戦が終わってジャッジがなされたら、簡単なシェアリングをします。

④第二回戦はCさんが賛成派、Aさんが反対派、Bさんがジャッジを務めます。

⑤第三回戦はBさんが賛成派、Cさんが反対派、Aさんがジャッジを務めます。

この①～⑤までの一連の流れでワンセットです。この後、二連勝同士、一勝一敗同士、二連敗同士で組み替えをして、もうワンセット行います。それが終わったらもうワンセット……というふうに、同じ論題で8セットくらい取り組みます。いろんな人たちと対戦している間に、賛成・反対双方ともに根拠がどんどん増えていきます。他の人が用いていた根拠をどんどん学んでいくからです。

最後に、その論題に対して、自分の考えを四〇〇～一二〇〇字程度のレポートにまとめて提出します。いろいろやり方はありますが、私の場合、レポート執筆の際には、①根拠を三つ以上挙げること、②反論の想定（「確かに～という考え方もあるかもしれないが、しかし、～という理由から～と考えるのが妥当である」という、いわゆる「イエス・バット構文」）を最も重要と思われる根拠の論述に必ず入れることを課します。

ディベート学習を議論の練習をする場と理解し、口先だけの人間をつくることになると批判する方がいらっしゃいます。また、肯定・否定双方の立場を体験することから、生徒たちに本当に思っていないことを語らせるべきではないと批判される方もいらっしゃいます。しかし、私はどちらも一面的な見方だと感じています。**ディベート学習は、ディベートによってディベートを学ぶのではなく、ディベートによって多角的なものの見方を学ぶ学習なのです。**様々な立場で議論してみることによって、一面的で独善的になりがちな個人の視野を広げるための学習といえます。議論に関するスキル学習というよりは、むしろ認識の在り方の学習というべきでしょう。

もしもあなたの学級の生徒たちに一面的な捉え方をする傾向が多く見られるとしたら、もしもあなたの学級の生徒たちに独善的に判断する傾向をもつ生徒たちが多く見られるとしたら、そうした実態の打開にディベート学習は大きな効力を発揮するはずです。それも生徒個々人が独自に広い視野をもつようになるのではなく、学級の仲間たちの考え方や述べ方に学びながら、触発さ

れながら、少しずつ広い視野を獲得していき、物事を多角的に見つめ考える力が培われていくのです。

実はこうした多角的なものの見方、考え方が苦手なのは決して生徒たちばかりではありません。教師を含めた大人たちもまた、一面的に物事を捉え、独善的に判断しがちです。そんなとき、**自分はいま○○という判断をしようとしているけれど、それは独善に陥ってはいないだろうか、いまの自分には見えていない、もっと違う可能性がないだろうか、こう考えることが必要なのではないでしょうか**。まさに〈メタ認知〉です。しかし、多くの人々がこうした思考を苦手としている現実があります。

今後の社会をつくっていく子どもたちに、こうした思考力や認識力を培うためにも、〈マイクロ・ディベート〉は有効なアイテムの一つです。

5 ロールプレイ・ディスカッション

立場や考え方の違いによる
物事の捉え方の違いに
気づかせるアイテム

〈マイクロ・ディベート〉によって、生徒たちが二つの視点から物事を捉えることに慣れてきたら、次に必要なのは〈ロールプレイ・ディスカッション〉です。〈ロールプレイ・ディスカッション〉という語は聞き慣れない語だなあとお思いの読者がいらっしゃるかもしれません。聞き慣れないのは当然です。私の造語ですから。意味は文字通り、〈ロールプレイ〉を通して〈ディスカッション〉することです。

みなさんは「模擬裁判」をご存知だろうと思います。裁判官・検察側・弁護側・被告人・証人・被害者遺族等の役割演技をしながら、事件について検討したり、裁判の在り方について検討したり、或いは思考の枠組みの在り方について検討したりするのに用いられる手法です。〈ロールプレイ・ディスカッション〉はこの「模擬裁判」に似ています。つまり、**様々な役割演技をしながら〈ディスカッション〉することによって、様々な立場による物事に対する捉え方の違いを検討したり、思考の枠組みの在り方について検討したりするための〈ディスカッション〉**

の一形態ということになります。

私の場合、〈ロールプレイ・ディスカッション〉は二人一組から始めます。最初は例えば、一方が親、もう一方が子どもという役割を担って、子どもの「あれ買って、これ買って」という要求を親が瞬時にあしらい続ける、というような遊び感覚のものから始めます。携帯電話を初めとするパーソナル・メディアをねだるとか、流行りの服を買ってもらおうなどという要求をするわけですね。時間は1分半。終わったら交代します。二人が双方の役割演技を終えたところで、じっくりと〈シェアリング〉をします。どういう受け答えが子どもの反感を買ったか、どうすれば説得力が増したか、そんなことを話し合います。しかし、話し合っているうちに、「うちのお母さんったらねえ……」とか「うちのお父さんはねえ……」とかいった、お互いの両親に対する愛着あふれる品評会になっていきます。これが二人の間に温かい空気を醸成していきます。

次は男女各二人ずつ四人グループ。二人一組で行うのは同じですが、残りの二人が観察者として二人のやりとりを見ています。しかも、同性同士の母と娘の場合と異性同士の父と娘の場合を比較したり、父と息子、母と息子の場合を比較したりということが可能になります。シェアリングは大盛り上がりです。

〈マイクロ・ディベート〉の項でも述べましたが、生徒たちは自らの視座を超えるようなものの見方・考え方があり得るということをなかなか実感することができません。友人同士においては相手を傷つけないような言動を心がけたり、ある種のキャラクターを演じて友人を楽しませたりということを日常的に行っているのですが、公的な場面、公的な課題について議論する場になると途端に独善的な判断で独善的な主張を展開する、ということになりがちです。

〈ロールプレイ・ディスカッション〉はこのような生徒たちの実態に一石を投じる手法です。**なんらかの役割を担って演技してみることによって、その立場になって思考してみるという体験を重ねることで視野を広げます。**また、**〈ロールプレイ〉のあとにじっくりと〈シェアリング〉を行うことによって、ものの見方・考え方の視点を学び合いながら、立場や考え方の違いによる多角的な視点の必要性について自ら気づいていく構造をもっています。**いわば、二重に〈メタ認知〉を促す構造をもっているわけです。

例えば、道徳の時間。いじめ自殺が報道されたときに、その記事を複数集めて報道内容を共通理解した上で、担任教師・被害者の保護者・加害者の保護者・傍観者の保護者の四つの役割を担って〈ディスカッション〉をします。それも、役割を交代して何度も行う。更にはメンバーを変えてもうワンセット行う。こういう体験が生徒たちの〈メタ認知能力〉を鍛えるとともに、ともに話し合い、理解し合うことが大切であるという雰囲気を醸成していきます。

もちろん現実的には、〈ロールプレイ・ディスカッション〉で議論される内容が、当初は本質的なことに届かない、浅い内容になってしまうことも決して少なくありません。しかし、そういう場合、生徒たちも自分たちの議論が浅いということに直感的に気づいていることが多いのです。生徒たちの中に、「これではいけない」という雰囲気が生まれます。

実はここがポイントです。いじめ自殺に関する書籍を与えたり、或いはＰＣ室で情報を収集させたりといった活動へと発展させていきます。この**調べ学習は生徒たちにとって意欲が喚起されているだけに大きく機能します**。再び行われる〈ロールプレイ・ディスカッション〉では、矛盾をはらんだ解決の難しい問題であるという前提のもと、大人顔負けの議論が展開されるようになります。

6 ブレイン・ストーミング

目標づくりや
企画のアイディアを
交流しながら
広げるアイテム

これまでは、どちらかというと〈深める〉タイプの交流活動について述べてきました。しかし、交流活動は〈深める〉ベクトルばかりでなく、〈広げる〉というベクトルもあります。話し合いは一般に、最初はアイディアをどんどん出し合うことから始めて、そこから機能性や妥当性、現実性などを検討し、できれば複数のアイディアを融合しながら合意形成を図っていくものです。いわゆる〈拡散〉と〈収束〉です。

〈ブレイン・ストーミング〉は、〈拡散〉の段階における有効なアイテムです。ごくごく簡単に言うと、突飛なアイディアや粗雑なアイディアも認めながら集団でアイディアを出し合い、他の人のアイディアに触発されたり参考にしたりしながら、最終的にはアイディアのブレイクスルーを期待する交流活動の一種です。学級活動では、学級目標づくりや学級組織づくり（どんな係が必要かの検討）、文化祭・学校祭の企画など、学級会で普通にアイディアを出し合っていたのではなかなか広い視野からものを考えるのが難しい、そういうタイプの話し合いにおいて、〈拡散〉段階でアイディアをリストアップするのに適しています。

例えば、文化祭のアイディアを出し合う〈ブレイン・ストーミング〉を行うとします。前日のうちに「明日は文化祭のアイディアを出し合うブレイン・ストーミングをするからね」と予告しておくことが大切です。いくら生徒たちが柔軟な発想をもっているからといっても、急に思いついたことを言えと言われたのではなかなか良いアイディアなど浮かびません。むしろおとなしめの生徒たちが引いてしまいます。これは避けなければなりません。

私の場合、①学級全体の出し物企画としておもしろそうだというアイディアを三つ以上、②文化祭で披露したらおもしろそうな、学級内の個人がもっている得意技を三つ以上、思いつきで良いから考えておいで、と言うことにしています。要するに、巨視的な視点で三つ、微視的な視点で三つの計六つを考えておいでと宿題を出すわけです。

こうしておけば、生徒たちは事前に考えることができ、いざ〈ブレイン・ストーミング〉というときに戸惑うことがなくなります。予告せずに行おうとすると、まじめな生徒ほど自分がアイディアを出せないことに戸惑い、焦り始め、最終的には文化祭への意欲が減退してしまう……そんなことになりかねません。使用上の注意として、学級担任にはこうした配慮が必要です。

〈ブレイン・ストーミング〉を行う場合、私はその後の展開を考えて八人で取り組ませることにしています。〈ブレイン・ストーミング〉はあくまでも〈拡散〉思考のアイテムです。非現実的なものから現実的なものまで、或いは粗野なものからじっくり考えたものまで、とにかくリストアップしてみることが目的です。とすれば、その後には必ず〈収束〉の〈ディスカッション〉がもたれるわけです。その〈収束〉の〈ディスカッション〉は、原則として四人で行うことにしています。なぜ四人で行うのかについては、〈グループ・ディスカッション〉の項で詳しく述べたのでここでは省略しますが、この〈収束〉段階の〈ディスカッション〉を行う四人グループへとすぐに移行できるように、〈ブレイン・ストーミング〉を八人で行うことを基本としているわけです。

生徒たちはグループができ次第、すぐに活発にアイディアを出し合います。八人が順に一つずつアイディアを言っていき、アイディアが出なくなるまでそれを続けます。

基本的なルールは四つです。

①いかなるアイディアも絶対に否定しないし、馬鹿にもしない。
②アイディアを出し合う上では、質よりも量を求める。
③これまでに出たアイディアをもじったり、これまでに出た二つのアイディアを融合したりすることを奨励する。
④ブレイン・ストーミングの段階では結論を急がず、求めず、より多くのアイディアをリスト

アップすることに徹する。

　この四つのルールを参加者全員が厳守し、楽しい雰囲気で行うのがコツです。

　特にルール③が重要です。①②④はルールとして徹底すればできることですが、③のアイディアのもじりや融合はその場の空気が支配するという傾向があります。つまり、**楽しい雰囲気で〈ブレイン・ストーミング〉が行われていれば、新たなもじりアイディアや融合アイディアがたくさん出るのです。**中には質の高いアイディアさえどんどん出てきます。しかし、ノリの悪い雰囲気で行われる場合には、そうしたアイディアがほとんど出ません。担任として最も気を遣うのがこの雰囲気づくりになります。

7 ワールド・カフェ

カフェにいるような
雰囲気の中で
組み合わせを変えて
話し合うアイテム

二〇一〇年頃から教育現場にも本格的にファシリテーションの技法が導入され始め、現在、爆発的に流行しつつあります。ファシリテーションの形態には様々ありますが、**私は教育現場への導入に最も適しているのは〈ワールド・カフェ〉だと考えています。①数あるファシリテーションのバリエーションにおいて最もシステマティックな形態であること、②45〜50分という学校現場の一単位時間、或いは二時間続きの90〜100分という単位時間でワンセットを終えられること、この二つの理由によります。**

〈ワールド・カフェ〉は、四〜五人のグループで組み合わせを変えながら話し合いや交流を行うことによって、あたかもカフェにいるような安心できる雰囲気の中で、ネットワークを築きながら場に一体感を醸成しつつ、主体的で創造的な話し合いをつくるためのファシリテーション形態の一種です。

私は正直なところ、本格的な〈ワールド・カフェ〉を行おうと思えば三時間を基本とすべきだと考えていますが、ここでは中学校の一単位時間、即ち50分で行える〈ワールド・カフェ〉を紹介しながら、〈ワールド・カフェ〉の機能と魅力について述べていくことにしましょう。私が陰で〈クラスルーム・カフェ〉と呼んでいる形態です。

まずテーマです。教室で行う〈ワールド・カフェ〉のテーマには二つの条件があります。

一つは生徒たちが当事者意識をもって取り組めるテーマであるとともに、ある種の公共性をもつテーマであること。つまり、生徒たちにとって公的な切実感があるということです。私は「いじめをなくすには」とか「コミュニケーション能力を高めるには」とか「人を楽しませる言動の基本原則」とかいったテーマでよく行います。恋愛とか友情とかも切実なテーマですが、こうしたテーマはわざわざ授業や特別活動で取り上げなくても自分たちで日常的にやっていることなので、また、一部の生徒たちが抵抗を示す場合が多いので避けることにしています。

もう一つは、生徒たち全員がフラットな関係で取り組めるテーマであること。例えば、「短い時間で確実に成果をあげる家庭学習とは」などというテーマは確かに切実感も公共性もありますが、どうしても成績の良い生徒がリードするタイプの交流になってしまい、〈ワールド・カフェ〉にはふさわしくありません。こうしたタイプの交流は〈ブレイン・ストーミング〉から〈KJ法〉へという流れが適しているのではないでしょうか。

さて、私は学級での一単位時間の〈ワールド・カフェ〉を基本的に次のように行います。

①テーマが提示され、そのテーマに対するアイディアを生徒個々が三点以上箇条書きする。その際、一切相談をせず、時間は３分程度を目処とする。

②四人で一グループを構成し、模造紙一枚とペン（８色ワンセット）で四人が自由にいたずら書きをしながら話し合う。この際、最後にその模造紙をプレゼンテーション・ツールとして用いるか否かを明示しておく。一時間だとプレゼンの時間はないことが多いので、本当にいたずら書きとして使用させることが多い。時間は15分程度を目処とする。

③四人のうち一人をホストとしてそのテーブルに残し、あとの三人はそれぞれ別々のテーブルに移動する。その際、移動した三人は他のテーブルで得た情報を自分のこれまでのテーブルに持ち帰ることになるので、責任が重いと告げておく。

④各テーブルのホストがそのテーブルでこれまで行われた話し合いを報告する。その後、他の三人が順に自分のテーブルで行われた交流内容のうち、いまのホストの話と重ならない部分についてのみ報告し、更に話し合いを深める。この際、模造紙には自由に書き足してよい。時間は10分程度を目処とする。前に述べた〈グループ・ディスカッション〉に慣れていることがこの時間を有効に使うための条件となる。

⑤もとのグループに戻り、まず他グループに行っていた三人、ホストの順で②の時間に出なかった話題、新しい知見・観点について報告する。その後、自分たちのグループの意見をまとめていく。時間は15分程度を目処とする。

⑥最後に５分程度、全員が立ち歩きながら、おしゃべり可で模造紙を見合う時間を設定する。

50分の一単位時間で行うのにはこれが限界です。この流れを基本としながら、二時間あるのであれば各グループの発表の時間を設け、三時間あるのであればそれぞれの交流時間を10〜15分ずつ延長していくことになります。

二時間続きの「総合的な学習の時間」に学年集会形式で体育館で行ったり、道徳の話し合いに用いることもできます。

8 ギャラリー・トーク

ワールド・カフェ以上に
グループの一体感を高める
アイテム

〈ギャラリー・トーク〉とはもともと、美術館や博物館などで美術的知識や博物学的知識などに囚われず、展示品の前で数人の鑑賞者があぁでもないこうでもないと解釈し合い鑑賞し合うことによって、展示品から喚起される美意識を共有化するという鑑賞の手法を指します。従って、学校教育でも美術とか図工とか技術・家庭とか、作品のある教科で早くから導入されていました。

しかし、私がここで言う〈ギャラリー・トーク〉はこうした一般的な〈ギャラリー・トーク〉とは一線を画します。小集団で鑑賞しながら話し合いの題材とするのはFG、即ち〈ファシリテーション・グラフィック〉なのです。

基本的に話し合い活動・交流活動の流れ自体は〈ワールド・カフェ〉と同じと考えていただいてけっこうです。ただし、〈ワールド・カフェ〉との最大の違いは、すべての交流を立って行うということです。模造紙もあらかじめグループ分、壁に貼ってあって、すべての話し合い・交流は壁で行われます。時間は二単位時間以上、つまり、中学校ならば100分以上を基本とします。

①テーマが提示され、そのテーマに対するアイディアを生徒個々が三点以上箇条書きする。その際、一切相談をせず、時間は3分程度を目処とする。
②四人で一グループを構成し、壁に貼られた模造紙一枚とペン（8色ワンセット）で四人が自由にいたずら書きをしながら話し合う。この際、最後にその模造紙をプレゼンテーション・ツールとして用いることを基本とする。すべての人が壁に貼った模造紙に書くので、〈ワールド・カフェ〉と違って上下が乱れるということがない。時間は20分程度を目処とする。
③四人のうち一人をホストとしてその模造紙前に残し、あとの三人はそれぞれ別々のグループに移動する。その際、移動した三人は他のグループで得た情報を自分のこれまでのグループに持ち帰ることになるので、責任が重いと告げておく。
④各グループのホストがそのグループでこれまで行われた話し合いを報告する。その後、他の三人が順に自分のウォールで行われた交流内容のうち、いまのホストの話と重ならない部分についてのみ報告し、更に話し合いを深める。その際、模造紙には自由に書き足してよい。時間は15分程度を目処とする。〈グループ・ディスカッション〉や〈ワールド・カフェ〉に慣れていれば、15分あればかなり活発な議論が展開される。
⑤もとのグループに戻り、四人ですべての模造紙前に行って、その内容を見ながら自分たちに

足りない議論がないかという視点を中心におしゃべりをする。その際、ホスト以外の三人は自分が④で参加したグループの模造紙について、自分が話し合いに参加したときに感じたことを含めて詳しく説明していく。この時間には、模造紙への書き込みはしない。

※　この時間は教師が全体を一斉に動かす。「では右回りで移動します。一つの模造紙前でおしゃべりするのは3分とします。では、スタート！」と始めて、「3分です。移動してください」という指示を一回りするまで繰り返す。つまり、グループが10グループあれば約30分かかるということである。

⑥すべての模造紙の内容を見終えて、自分のもとのグループの場所に戻ってきた時点で、他のグループによって触発された新たな知見、新たな観点で足りないことを補うとともに、内容を再構成して、自分たちのグループの意見をまとめていく。時間は20分程度を目処とする。

⑦時間があれば、各グループがプレゼンをする。時間がなければ、模造紙を一週間程度掲示して、付箋紙で感想のやりとりをする。

※　私がよく採る方法は、掲示された模造紙に付箋を貼らせる方法。廊下に掲示すれば他学級の生徒や教科担任の教師、管理職や保護者から感想がもらえる。感想を書く場合には必ず記名するように促す。無責任にさせないためというよりも、感想をもらった側がもっと

詳しく聞きたいというときに聞きに行けるようにである。

以上からおわかりのように、私にとって〈ギャラリー・トーク〉は、〈ワールド・カフェ〉の発展型として位置づけられています。〈ギャラリー・トーク型ワールド・カフェ〉といった趣です。

〈ワールド・カフェ〉の途中に〈ギャラリー・トーク〉を入れることには多くの効果があります。**①グループでの情報収集が常にレコーディングを媒介するために具体的になること、②ファシリテーション・グラフィックの機能や技術にも話が及ぶこと、③いっしょに移動するという活動が〈ワールド・カフェ〉以上にグループの一体感を醸成すること**、などなどです。〈ワールド・カフェ〉以上に生徒たちがノること請け合いのアイテムです。

9 パネル・チャット

だれもが同時に
興味のあることについて
交流や議論を行える
アイテム

〈パネル・チャット〉は平成十年に全員参加型の交流システムとして、私が研究仲間とともに開発したものです。略称〈PCS〉（パネル・チャット・システム）といい、大まかにいえば次のような流れで行います。

①ある課題に対する生徒たち全員分の意見を色画用紙（＝パネル）に書き、教室（できれば、普通教室二つ分程度の広い特別教室がふさわしい）の壁に掲示する。

※この際、一目でわかるように、意見の傾向別に色画用紙を色分けしておくとなおよい。

②20分程度の時間をとり、掲示されたパネルを読み合う。この時、自分が意見を述べたいパネルに対して、付箋に意見と氏名を書き込み、パネルの下に貼付する。この時間をアプローチ・タイムという。

※付箋の色は、賛成・補足意見を青に、疑問・質問を黄色に、反対意見をピンクに書くこととする。

※付箋は一人三枚以書くこととする。
※アプローチ・タイムは個人作業の時間とし、生徒同士の交流は一切禁止とする。
※一枚も付箋の貼られないパネルが出ないように配慮する。
③15分程度の時間をとり、自分のパネルの下に貼付された付箋を読む。その後、付箋によって自分に疑問や意見をくれた生徒のところに行き、疑問に答えたり再反論したりして、自分の意見を深める。これをフリー・ディスカッション・タイムという。
④自席に戻り、アプローチ・タイム、フリー・ディスカッション・タイムで深められた自分の意見を課題に即して記述（論述）する。

たったこれだけの交流システムです。次のような利点があります。

第一に、**生徒たち全員分のパネルが全員に公開されているため、だれもがどの意見に対しても働きかけることができる**、という点です。〈ＰＣＳ〉は、一度に四十の意見に対して、四十人がスクランブルに働きかけられるシステムになっています。

第二に、**アプローチ・タイムやフリー・ディスカッション・タイムにおいて、すべての生徒たちが同時に交流や議論を行える**、という点です。これは従来型の授業はもちろん、〈ペア学習〉や〈ワールド・カフェ〉にもない利点といえます。

第三に、**フリー・ディスカッション・タイムにおいて、生徒たち全員が自分のパネルに対する意見について、あくまで自分の問題意識に従って深めることができる**、という点です。通常、話し合いや討論、交流活動というものは、ペアであろうと四人であろうと一斉授業であろうと、その瞬間瞬間には一つの論題・一つの意見しか検討の俎上に載せられません。ということは、その瞬間瞬間には俎上に昇っている論題に対して興味を抱いていない生徒がいる可能性がある、ということです。これに対して、〈PCS〉は生徒たちがそれぞれ自分の興味・関心に従って議論することができます。いくら自分に貼られた付箋とはいえ、自分が議論したくない論題である場合には議論しないことが許されるのです。これも〈ペア学習〉や〈ワールド・カフェ〉にない利点といえます。

第四に、**フリー・ディスカッション・タイムの意見交換は、生徒たち全員が自らの問題意識に基づいて対話しているため、話し合いや討論にありがちな成績上位者のみの意見交換に陥らない**、ということです。〈PCS〉は成績上位者は成績上位者なりに、成績下位者は成績下位者なりにだれに臆することもなく発言し交流することができるシステムになっています。

第五に、**アプローチ・タイム、フリー・ディスカッション・タイムともに教師の自由がきくため、学習活動に難のある生徒、特別な支援を要する生徒に対して個別指導する時間として使える、**

ということです。
〈PCS〉は〈ワールド・カフェ〉同様、人数制限がありません。学年集会や全校集会でも応用が可能です。学年集会で一つのテーマについて交流することによって、個々人の意見を深めようという場合にも効果的なアイテムです。
また、一単位時間での活用ではなく、パネルを一週間ほど廊下掲示し、情報をもっている生徒・保護者・教員から参考意見をもらうのにも適しています。例えば、「総合的な学習の時間」において個人課題をつくる場合に、全員がその課題をパネルとして廊下掲示します。一週間の間に参考意見を募集します。「その課題ならこういう方法があるよ」「その課題にはこういう書物があるよ」といった情報を様々な人たちからもらえるわけです。

10 オープン・スペース・テクノロジー

学級をよりよくする活動や
新たなルールを
立案するアイテム

〈オープン・スペース・テクノロジー〉（略称OST）は、〈ファシリテーション〉の一つの手法であり、〈ワールド・カフェ〉と〈PCS〉の良さをともにもつ画期的な手法といえます。ただし、生徒相手でも大人相手でも様々なレディネスを必要とし、より良く機能させるのが難しい手法でもあります。機能すると効果は大きいといえますが、安易に教室に導入するとヤケドをする手法……くらいの慎重な心構えをもつことが必要です。

①学級生徒全員が椅子のみで円形をつくり、向かい合って座ります。

②全員にA４判一枚の用紙を配付し、いま最も交流したい題材について記述してもらいます。例えば、「いま学級で取り組むべきこと」といったテーマで問題意識を書いてもらうというようなイメージです。

③全員に簡単に「交流したいこと」について、A４判の紙を提示しながら語ってもらいます。一単位時間なら一人30秒、二時間連続なら一人１分程度になります。

④「交流したいこと」のテーマが似通っている者同士で交流する仲間をつくります。四十人学級ですと三人以上六人以内くらいがよいでしょう。もしも十五人とかのグループができた場合には二つ～三つのグループに分けます。

※時間がない場合には、③を省略して、紙を胸の前に提示しながら仲間を探すことによってグループ分けするという方法もあります。

⑤グループができたら、各グループごとに話し合い、交流時間をとります。その際、教卓の上に模造紙・8色ペン数セット・養生テープ・A4判用紙百枚程度・付箋紙等を置いておき、自由に使ってよいといいます。時間は一単位時間であれば20分程度、二時間続きなら50分程度を目処とします。③を省略した場合には、それぞれ35分程度、70分程度の時間がとれます。

⑥その後、各グループに発表させたり、立ち歩きながら各グループの記録を見合ったりして交流します。

〈OST〉において交流時間は次のような留意点があります。

第一に、**どこで話し合うかについて各グループの判断に委ねること。**「私たちは図書室で」とか「私たちはPC室で」と校内どこでも……というのが理想ですが、そこまでは現実的に難しいですから、「私たちはテーブルで」とか「私たちは床で」とかいった程度の自由は認めてあげるのがよいでしょう。基本的にはリラックスできる話し合いの場をいかにつくるかということを何よりも重視しましょう。

第二に、**話し合いの仕方、使用すべきグッズについても各グループに任せましょう。**〈OST〉は様々な話し合い形態を経験した後に行うべき手法ですから、教師が安易に助言することも避けるべきといえます。基本的にすべてを生徒たちに任せる、そういう段階に来て初めて用いてよいアイテムである、そういう心構えを徹底することが必要です。

第三に、**話し方については（OSTに限りませんが）、一人が一度に1分以上話し続けないこと、他者の意見を絶対に否定しないこと、二つ以上の意見を組み合わせて新たな意見を創出することを奨励することなど、〈ファシリテーション〉や〈ブレイン・ストーミング〉で奨励される話し方をすることを徹底します。**

第四に、**当初決めたグループが絶対ではないということを確認すること。**具体的にいえば、このグループでの話し合いは自分の想定していた話し合いではないと感じたら、別のグループに移動してもよいというルールを確認すること。場合によっては、途中からどのグループにも参加せず、様々なグループの話し合いを見て回って自らの視野や知見を広める時間とすることも可とすることさえあり得ます。

第五に、**グループが固定してしまい流動性がない場合には、多少時間をとってお互いのグループの交流時間をとるといった工夫もあり得ます。**

〈OST〉は学級をより良くする活動を企画したり、学級に新たな取り組みや新たなルールをつくったり、或いは学校行事の企画を立てたりといった、プロジェクト企画立案型のテーマの話し合いに適したアイテムです。その意味で、私は、〈OST〉で各グループに企画立案を行わせ、最終的には学級全体にプレゼンすることによって実現していくというプロセスの一段階として機能させるのがよい、と考えています。こうした企画立案から関わった取り組みについては、生徒たちは常に「より良く機能させるには」という視点で動き、最後まで責任をもって取り組むものです。

第2章

教室ファシリテーション 100のステップ

ペア・インタビュー
10のステップ

【目的】

①年度当初の自己（他己）紹介活動を楽しく充実したものにする。

②年度当初からペア学習を導入することによって、学級に協同的な雰囲気をつくっていくための布石とする。

③成果をたたえ合うことによって、認め合う雰囲気をつくっていく一助とする。

④「総合的な学習時間」をはじめとする様々なインタビュー活動の基礎を学ばせる。

【準備】

・ワークシート１（69頁参照）
・ワークシート２（73頁参照）
・ワークシート３（75頁参照）
・ワークシート４（79頁参照）

※慣れてくると、模造紙とペンで行う。

10 steps

①〈アイス・ブレイキング〉を行う
②〈目的〉と〈価値〉を明確にする
③〈相手の情報〉を得る
④〈質問法四原則〉を学ぶ
⑤〈つっこみインタビュー〉を心がける
⑥〈取材コンテ〉をつくる
⑦〈マジック・フレーズ〉を多用する
⑧〈互いの成果〉をたたえ合う
⑨〈つっこみインタビュー〉を練習する
⑩〈グループ・インタビュー〉に発展させる

【典型的な流れ】

①アイス・ブレイキング
②インストラクション（ゴールの共有）
③自己PR書き込みシートの記入
④取材コンテの作成
⑤ペア・インタビュー活動＆メモ
⑥他己紹介の執筆（キャッチ・コピー＋本文）
⑦成果の交流・シェアリング

【留意点】

学級づくりと連動させて、男女ペアで行うのが望ましい。年度当初に教科担任に対する〈グループ・インタビュー〉に発展させていくと盛り上がる。

【使用上の注意】

生徒たちの家庭の事情や身体的な特徴等、訊かれたくないことについては避けるように指導しなければならない。

ペア・インタビュー
ステップ
1

〈アイス・ブレイキング〉を行う

〈ペア・インタビュー〉に限ったことではありませんが、〈ワークショップ型授業〉において最も大切なのは活動する上での雰囲気です。温かい雰囲気、安心できる雰囲気、そして楽しい雰囲気、そういう中でこそ様々な活動は機能するのです。そのために、必ず必要なのが活動の冒頭に〈アイス・ブレイキング〉を入れることです。①簡単にできて、②全員が一斉に参加でき、③他者との交流があり、④笑い声が起きる……。結果的に教室の雰囲気を温めることができる、そうしたミニ・アクティビティのことと捉えていただければよいかと思います。〈ペア・インタビュー〉は、多くの場合、まだ新しい学級、新しい集団に慣れていない年度当初に行われるものですから、特に〈アイス・ブレイキング〉の必要性の高い活動です。

私は教師が先導しての「じゃんけん、ぽい、ぽい」や、生徒同士で「私の経験した最も激しい痛み」を交流するといった〈アイス・ブレイキング〉を多用しますが、詳細は『アイスブレイク入門』（今村光章・解放出版社・二〇〇九年三月）をご参照下さい。

ペア・インタビュー ステップ

2 〈目的〉と〈価値〉を明確にする

最近、〈インストラクション〉という語が用いられ、活動の意義や目的、方法について事前にしっかりと理解させ、モチベーションを高めてあげることの重要性が叫ばれています。

〈ペア・インタビュー〉を初めて行うのは学級編制後の年度当初が多いわけですから、説明しなくても、その目的は新しい級友と少しでも仲良くなることだと生徒たちにもわかっています。しかし、いくら年度当初の最初の活動といってもそうした漠然とした目的ではなく、活動として具体的な目的を提示することをお勧めします。例えば、「隣の人の紹介文を書く」というような具体的な活動レベルの目的です（75頁**ワークシート3**参照）。**ワークシート**を提示して、「これを書くんだよ」と、生徒たちが具体的にイメージしやすい形で提示するのです。

「総合的な学習の時間」において小集団でインタビューをしに行くというような場合でも、学習が始まる最初の段階でゴールが何であるのか、何のためにその活動を行うのか、それが今後どのように発展していくのかなどについて〈目的〉と〈価値〉を具体的に説明することが必要です。

ペア・インタビュー
ステップ
3

〈相手の情報〉を得る

〈インタビュー〉を一度でもされたことがあればわかることですが、プロのインタビュアーはその取材対象のことを徹底的に調べてくるものです。例えば、私を取材しにきた新聞記者は私の本をすべて読み、HPやブログにも目を通してから逢いに来ました。よくこれだけ調べてきたなと、私もある種の感動を覚えたものです。

さて、年度当初に行う〈ペア・インタビュー〉も同じです。まずは**ワークシート1**を全員が記入します。その上でそのシートを交換し、各項目から自分が興味をもったことやその人の特徴を顕著に表していそうな項目を重点的に質問していくことを指示します。或いは、**図1**のようにお互いに自分の特徴をウェッビングにまとめ、それを交換して同様に質問すべき項目を考えていくということもできます。原則として前者は中学一年、後者は中学二・三年に適しています。

世に年度当初に〈ペア・インタビュー〉をさせる実践は数多くありますが、いま一つ深まらないのはこの過程を経ずに、漠然とインタビューして漠然とまとめているからなのです。

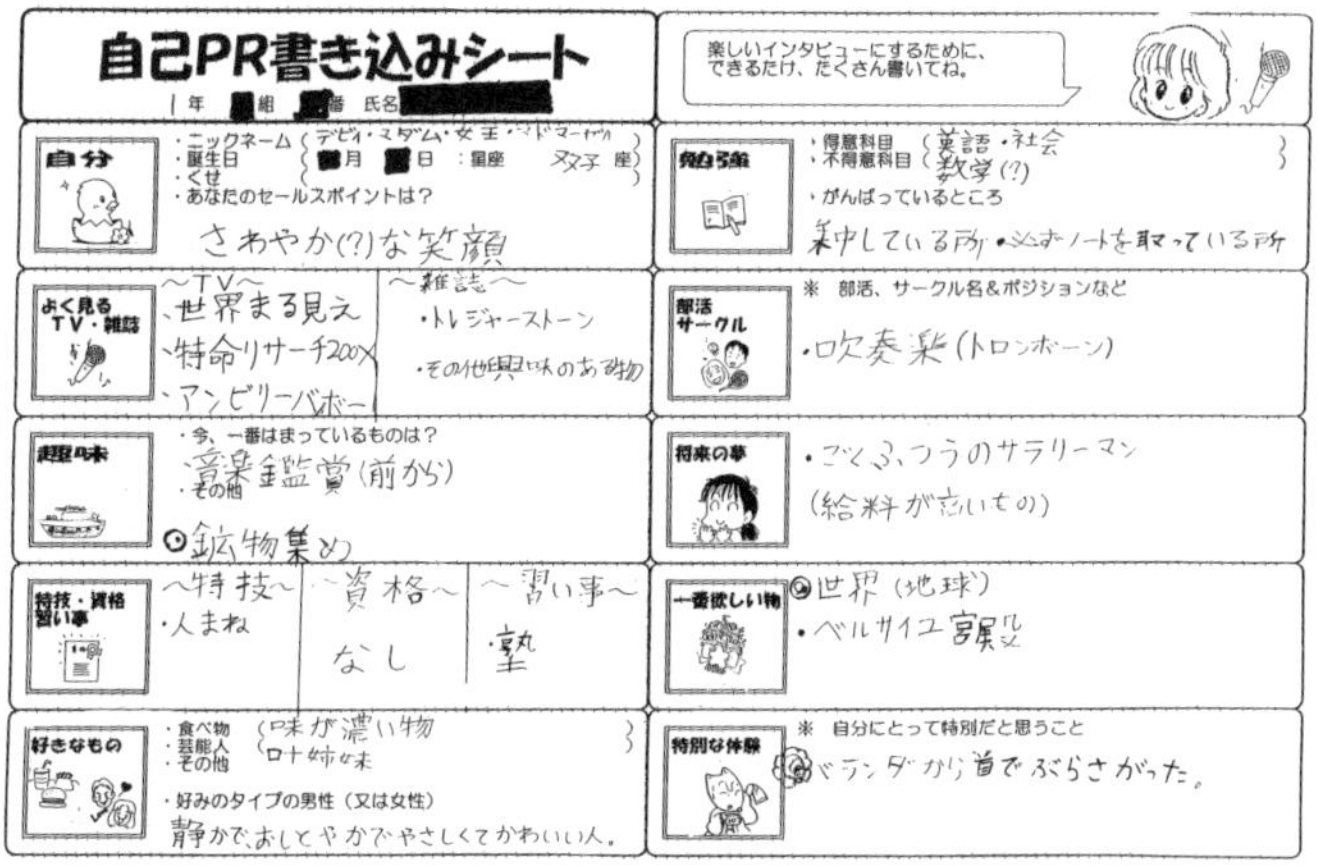
自己PR書き込みシート
1年 [redacted]組 [redacted]番 氏名[redacted]
楽しいインタビューにするために、できるだけ、たくさん書いてね。
自分
・ニックネーム（デビィ・マダム・女王・マドマーガ?）
・誕生日（[redacted]月 [redacted]日 ：星座 双子 座）
・くせ（ ）
・あなたのセールスポイントは？
さわやか(?)な笑顔
勉強
・得意科目（英語・社会）
・不得意科目（数学(?)）
・がんばっているところ
集中している所・必ずノートを取っている所
よく見るTV・雑誌
～TV～
・世界まる見え
・特命リサーチ200X
・アンビリーバボー
～雑誌～
・トレジャーストーン
・その他興味のある物
部活 サークル
※ 部活、サークル名＆ポジションなど
・吹奏楽（トロンボーン）
趣味
・今、一番はまっているものは？
・音楽鑑賞（前から）
・その他
◎鉱物集め
将来の夢
・ごくふつうのサラリーマン
（給料が高いもの）
特技・資格 習い事
～特技～
・人まね
～資格～
なし
～習い事～
塾
一番欲しい物
◎世界（地球）
・ベルサイユ宮殿
好きなもの
・食べ物（味が濃い物）
・芸能人（ロナ姉妹）
・その他（ ）
・好みのタイプの男性（又は女性）
静かでおしとやかでやさしくてかわいい人。
特別な体験
※ 自分にとって特別だと思うこと
◎ベランダから首でぶらさがった。

ワークシート1

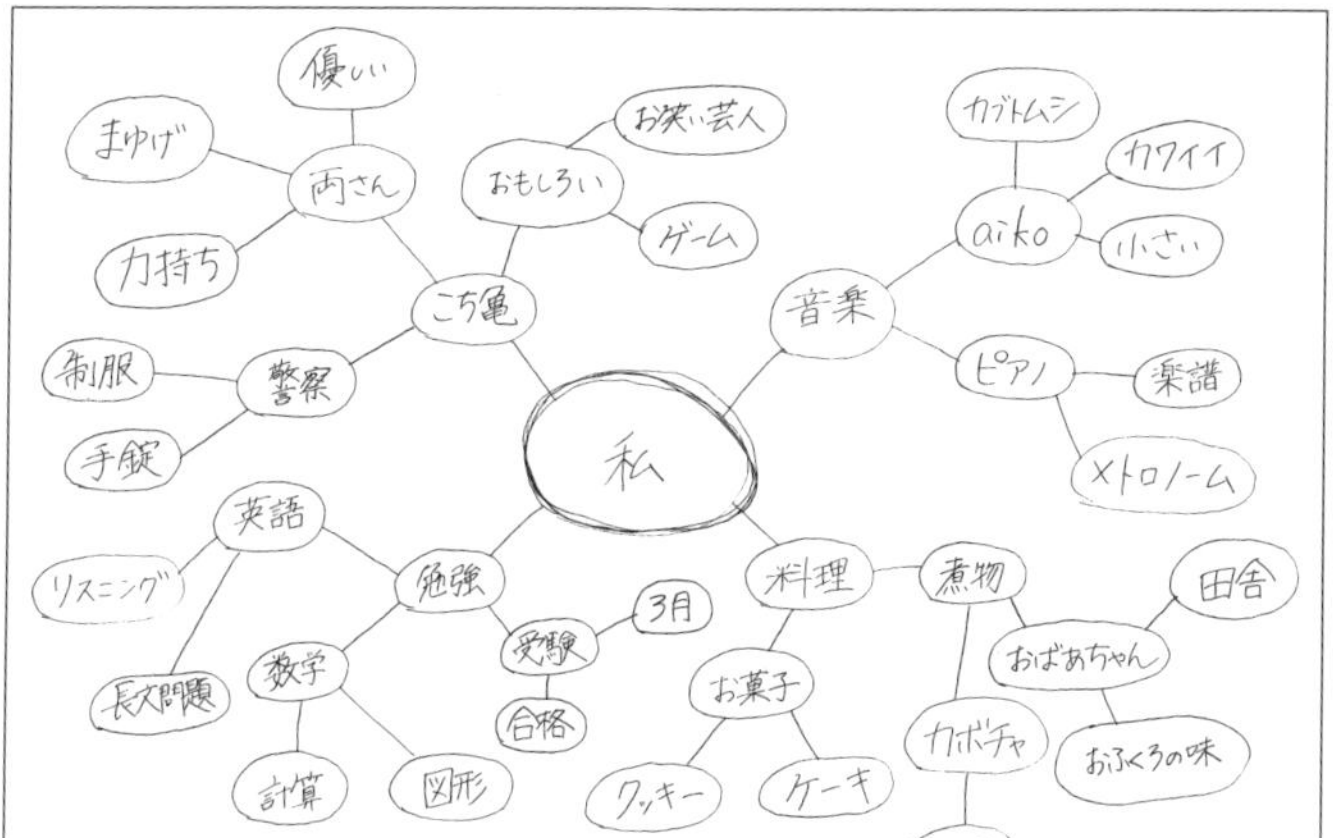

図1

ペア・インタビュー
ステップ

4 〈質問法四原則〉を学ぶ

実際に〈ペア・インタビュー〉を始めるにあたって、〈質問法四原則〉を指導します。

①**オープン・クエスチョンで質問する**…イエス・ノーや数字、ひと言で答えられる問いではなく、「〜の魅力は何ですか」「〜のときどう感じましたか」といった開かれた問いを中心にする。

②**大きなことから小さなことへと質問していく**…まずは全体像を明らかにした上で、その要素の一つひとつについて確認していくという流れで行う。

③**軽いことから重いことへと質問していく**…

重たい話や相手の意見を聞こうとする場合には、いきなり核心に入るのではなく、答えやすい問いから出発してだんだんと核心に迫っていくという流れで行う。

④**オウム返しが新情報を生み出す**…

「なるほど〜なのですね」と相手の答えをそのままオウム返しすると、相手は補足説明をしてくれたり、新たなエピソードを語ってくれる場合が多い。

ペア・インタビューステップ

5 〈つっこみインタビュー〉を心がける

「総合的な学習の時間」で生徒たちのインタビューを見ていると、一問一答のインタビューが多くなります。「～で心がけていることは何ですか」と訊く。相手が答えると「なるほど。参考になりました。ありがとうございました」というやりとりです。

しかし、インタビュー活動では相手が一つ答えたら、その答えに関する関連質問を三つはしたいものです。これを〈1A3Q〉（一つのanswerに対して三つのquestion）と言いますが、そうすることによって一つの話題が予想外の広がりを見せ、インタビューが充実するのです。

私は前者を「なるほどインタビュー」、後者を「つっこみインタビュー」と呼んでいますが、生徒たちには〈ペア・インタビュー〉でも是非とも「つっこみインタビュー」をしてほしいものです。そのためには、〈1A3Q〉という用語を教えるとともに、その練習をすることも必要になります。〈1A3Q〉の練習の仕方については、本節のステップ9「〈つっこみインタビュー〉を練習する」（76頁）をご参照下さい。

ペア・インタビュー
ステップ

6

〈取材コンテ〉をつくる

〈相手の情報〉を得たら、その中から自分が中心的に訊いてみたい（逆にいうと、みんなにこの人の顕著な特徴として紹介したい）という内容を、三点程度選びます。具体的には、**ワークシート1**のようなタイプなら三項目に◯をつける、ウェッビングならこのあたりが面白いなという話題について三つの部分に◯で囲む、ということになります。

三つ程度、中心的に訊いてみたいことが決まったら、どれを山場にインタビューするかということを決めます。選んだ三つに優先順位をつけるわけです。

ここまで決まれば、いよいよ〈取材コンテ〉です。①どのような順番で、どのような質問でインタビューしていくのか、②話を深めていくための細かな補助質問はどんなものが必要か、③各々の質問に対して相手はどのように答えることが想定されるか、といったことを**ワークシート2**のようなシートに書いていくことになります。あまり考えすぎず、直感的に決めていくように助言します。予想外のことが出てきたらその場で対応するのがインタビューの本質なのですから。

☆インタビュー取材メモ①

一年[redacted]組[redacted]番 [redacted]

1、インタビューする相手の名前 [redacted] 君

2、取材コンテ（大筋の取材ポイント）

	具体的な質問事項	予想される答え
①	【はじめのあいさつ・かんたんな自己紹介】こんにちは。私は[redacted]といいます。今日はインタビューよろしくお願いします。	
②	・ベランダから首でぶらさがったことがあるというのは本当ですか？ ・どうしてぶらさがってしまったのですか？ ・その時の気持ちは？ ・ケガはなかったですか。	↓本当です ↓ふざけていてなってしまった ↓死ぬかと思った ↓大ケガはなかった
③	・一番欲しいものは地球ということですが、もし手に入ったらまずどうしたいですか。 ・なぜ地球が欲しいと思ったのですか。	↓世界一周旅行に出かけたい ↓自分が一番えらくなって何でもできるから
④	・しゅみは鉱物集めということですが、いつからですか。 ・トレジャーストーンという雑誌を読んでいるそうですがおもしろいですか。 ・その雑誌の内容は？ ・鉱物についての知識はどれくらい？	↓小さいころから ↓すごくおもしろい ↓鉱物についてすごくくわしく書いてある ↓もっと天才です
⑤	【インタビュー後のお礼の言葉】今日は本当にありがとうございました。今後もよろしくお願いします。	

3、相手からうまく話を聞き出すためには、どのようなことに注意してインタビューしたらいいかな。事前に考えてまとめよう。

・笑顔
・明るく
・大きな声
・礼儀正しく
・長くならないようにする
・あまり困らせない
・会話がとぎれないよ

☆インタビュー取材メモ②

★取材月日（四月十九日）

インタビューが終わったら、話の内容、ポイントになる言葉や数字などを素早くメモして整理するんだよ。

4、取材メモ

	相手の答え（要点を短く、必要なことをメモしておこう。）
②	本当？→本当 どうして？→さくからぬけようと思ったら頭がぬけなかった 気持ちは？→泣きまくって忘れた ケガは？→なかった
③	手に入ったら→地球をとびまわって遊ぶ どうして？→地球にあるいろいろなものが自分のものになるし、領土が広がる
④	いつから？→今年から おもしろい？→おもしろい 内容は？→いろいろな石がついてくる 知識は？→博士の1/8ぐらい

5、インタビューを終えての感想

☆ここが良かったよ！ ニコニコと笑顔でできたし、大きな声でいえた。

☆ここが失敗！ 時間がせまってきて、早口になってしまった。

インタビューのポイントはこれだね！ キチンと準備して頭の中を整理しておくこと。

ワークシート2

ペア・インタビュー
ステップ

7

〈マジック・フレーズ〉を多用する

〈マジック・フレーズ〉とは、「相手と良い関係を築くための気持ちを込めた言葉」です。具体的には、①挨拶の言葉、②感謝の言葉、③お詫びの言葉、④思いやりの言葉、⑤返事の五つを指します。これに〈傾聴三動作〉、即ち①相槌、②うなずき、③賞賛の三つを意識させると、更にインタビュー活動が温かい活動になっていきます。

ペア・インタビュー
ステップ

8

〈互いの成果〉をたたえ合う

ステップ2において「〈目的〉を明確にする」ことの大切さについて述べましたが、最終的にその〈目的〉が達成されたら、成果を交流し、たたえ合うことが大切です。今回の人物紹介文であれば、**ワークシート3**のようなものができあがればゴールです。学年全員分を廊下に掲示すると、生徒たちが互いに読み合うだけでなく、他学年の教師や管理職、保護者などとも交流できます。

●Name [redacted] 君 ~~さん~~

<ボディコピー>（読み手をひきつける文章を工夫してみてね。）

さわやかな笑顔をもち、
かつてはデヴィとよばれた少年。……?!

将来はふつうのサラリーマンになりたいという、七三分けの似合う彼。今の趣味は鉱物集め。毎回いろんな石がついてくる雑誌に夢中。知識は博士の八分の一というが、どれくらいなんだろうか……？しかし、欲しいものはそれだけではない。―地球。もし手に入ったら世界中を飛びまわって遊ぶらしい。一見優雅な生活をおくっているかのようにも見えるが、ベランダから首でぶらさがったことも。さくをぬけようと思ったら頭がぬけなかったそう。ケガはなかったらしいが、泣いて泣いて泣いてもうその時の気持ちは忘れてしまったと……。

●クラスメイトからのメッセージ

すばらしいですね。[redacted]という人がはずかしいほどよく見えてきますね。

1年 [redacted]組 [redacted]番 [redacted]

ワークシート3

ペア・インタビュー ステップ

9 〈つっこみインタビュー〉を練習する

〈つっこみインタビュー〉は生徒たちの多くにとって難しく感じられるようです。しかし、ゲームを通じて、温かく楽しい雰囲気の中で練習すれば、意外とすんなりマスターすることができます。四人一組でチームを作ります。この四人をここではA・B・C・Dとしましょう。

【つっこみインタビュー・ゲーム】

①Dさんがインタビューされる人、A～Cの三人がインタビュアーになる。Dさんが椅子に座り、他の三人は並んで立つというポジショニングが良い。

②まず、Aさんが「よろしくお願いします」と〈マジックフレーズ〉を施した後に一つ質問をする（例「好きな食べ物は何ですか」）。Dさんがそれに答える（例「お寿司です」）。

③すると、そのAさんの質問に対するDさんの答えを受けて、Bさんが関連質問をする（例「お寿司のネタでは何が一番好きですか」）。Dさんがそれに答える（例「サバです」）。

④これを受けて、Cさんがまずその答えを引き取る（例「サバですか。青モノですね」）。

⑤引き取った内容から細かな感情を訊くタイプの質問をする（例「実は私は、青モノはクセがあって苦手なんですけれども、青モノの魅力って何なのでしょう」）。Dさんが答える（例「いやあ、そのクセがたまらないんですよねえ。あっさりした魚ではもの足りない感じがするんです」）。

⑥Cさんがひと言感想を述べる（例「なるほど。私はまだまだお子様なのかもしれませんね」）。

⑦この流れをテンポ良く、B→C→A、C→A→Bでも行う。

これでワンセットが終わる。

⑧次にC→B→Aの順でインタビューされる人を変えていく。

ワンセット1分、全体でも5分くらいの活動です。しかし、関連質問をする二人目のインタビュアー、感想を述べなければならない三人目のインタビュアーには常に即興性が求められるため、詰まったり噛んだりということが多く見られ、楽しい活動になります。二回目、三回目と行ううちに生徒たちも慣れてきます。上の**写真**はある研究会での風景ですが、大人でも十分に楽しめる、奥の深い活動です。

ペア・インタビュー
ステップ
10

〈グループ・インタビュー〉に発展させる

「総合的な学習の時間」の職業体験やフィールド・ワークなど、現在の学校教育ではインタビュー活動の重要度が上がっています。〈ペア・インタビュー〉はこうした場合の〈グループ・インタビュー〉に発展させていくための最初のステップとして位置づけておくとよいでしょう。

〈グループ・インタビュー〉では、実際にインタビューをしに行く前日に、基本的には〈ペア・インタビュー〉と同じ流れで、グループで〈取材コンテ〉をつくる話し合いをします（早くても前々日までにしましょう。〈取材コンテ〉づくりは当日に近いほど現実的です）。パンフレットを熟読して基本情報を精査した上で、訊きたいことをみんなで付箋紙に書き、どういう順番でどのように質問を構成していくかということをじっくりと話し合います。全体で一時間くらいの活動になります。それ以上時間をかけず、一時間でつくるのがミソです。

私の場合、初めての場合には左の**ワークシート4**を使いますが、慣れてくると大きめの付箋（76×127ミリ）を用いて、模造紙で〈取材コンテ〉をつくらせることにしています。

◆インタビュー取材コンテ　　年　組　班【メンバー氏名 ①　②　③　④　】

具体的な質問	予想される答え	インタビューメモ
●はじめのあいさつ 全体 ← 部分 付箋 ※ 質問を書いた付箋を貼る〈ピンク色～大〉 ① 質問を選ぶ ② 質問をする順番に並べる ③ 必要であれば質問を付け足す ●終わりのあいさつ	付箋 ※ 上の質問に対する答えを書いた付箋を貼る 〈黄色～小〉 （できるだけたくさん貼る）	※ 実際のインタビューの答えを書く

ワークシート4

………ペア・ディスカッション
10のステップ

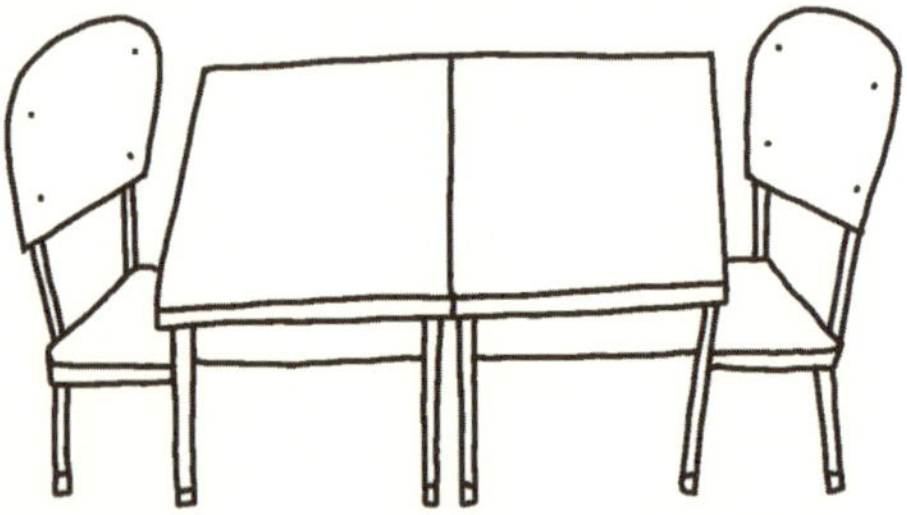

【目的】

①教室ファシリテーションの様々なアイテムに先駆けて他人と交流することの楽しさを知るとともに、温かい雰囲気を醸成する。

②企画案を充実させるための段階について学ぶ。

③様々な〈コミュニケーション・ツール〉（オープン・クエスチョンや1A3Q、ウェッビング、マンダラなど）に使い慣れる。

④〈シェアリング〉の機能を知り、今後、様々な場面で使えるように、最も取り組みやすい二人での〈シェアリング〉体験を積む。

【準備】

①ウェッビング、マンダラ、マトリクスなどのワークシート

※慣れてくると、場合によってはA3用紙で行う。

※アイディアを書きためておくための付箋紙を用意

するとなおよい。

【典型的な流れ】

①ウェッビングによる拡散
②マンダラによる整理
③マトリクスによる実現性と楽しさ・興味深さの検討
④プライオリティの検討
⑤プランニング（プランの決定）
⑥シェアリング

【留意点】

学級づくりと連動させて、できるだけ男女ペアで行うのが望ましい。じっくりと時間をかけて行わせるのがよい。

【使用上の注意】

〈ペア・ディスカッション〉は、授業の冒頭や朝の学活などでモジュール的に取り組むと効果が高くなる。

10 steps

①〈オープン・クエスチョン〉を練習する
②〈1A3Q〉を練習する
③〈OQ〉〈1A3Q〉を組み合わせる
④〈ウェッビング〉をつくる
⑤〈マンダラ〉をつくる
⑥〈マトリクス〉をつくる
⑦〈プライオリティ〉を決める
⑧〈プラン〉をつくる
⑨〈ペア〉を変える
⑩〈シェアリング〉を練習する

ペア・ディスカッション
ステップ

1

〈オープン・クエスチョン〉を練習する

〈ペア・ディスカッション〉は〈オープン・クエスチョン〉の練習から始めます。

「イエス or ノー」で答えられる単純質問や「A or B」で答えられる二者択一質問など、答えが予め狭められている問いを〈クローズド・クエスチョン〉と言います。これに対し、「どうしてそうなるのですか?」「どんな感じがするのですか?」「これについてどう思いますか?」「他には何かありますか?」など、特に制約を設けることなく、答える内容も答え方も相手に自由に答えさせるような問いを〈オープン・クエスチョン〉と言います。

隣の人とペアになり、ワンテーマで2分間話続ける……というようなルールをつくって、ゲーム感覚で行います。AくんとBさんがペアだとしたら、最初はAさんが質問する側、Bさんが答える側、終わったら交代、という流れでいきます。テーマは「昨日の夕食」から始めて「趣味」「休日の過ごし方」「痛い話」「人生一番の失敗談」などいくらでも多様化していけます。時間は最初は2分、慣れてくると少しずつ延ばしていき、最終的には5分くらいを目指します。

ペア・ディスカッションステップ

2 〈1A3Q〉を練習する

〈ペア・ディスカッション〉は〈1A3Q〉の練習にも効果的です。

〈オープン・クエスチョン〉の練習とは異なり、テーマは原則として、生徒たちに自由に決めさせます。初めて行う場合には、「最近、凝っていることは何ですか？」から始めさせるとよいでしょう。慣れてくるといきなりやっても、生徒たちは難なく取り組めるようになります。

〈1A3Q〉活動のポイントは、①一つの質問をし、相手がそれに答えたら、必ずその答えに対する関連質問を三つしなければならないということ、②三つ目の関連質問に答えてもらったら必ず自分の感想を述べてその話題をまとめなければならないこと、の二つです。

この縛りがあることが、この活動にゲーム性を付与します。交互に〈1A3Q〉をしていき、先に詰まったほうが負けとか、まとめ方が変だったら負け、といった活動になります。

三人一組にして、一人を審判にするのも手です。最終的には四人一組にして、AとBが交互にCに質問して〈1A3Q〉を成立させ、Dが審判、というような活動にも発展させられます。

ペア・ディスカッションステップ 3

〈OQ〉〈1A3Q〉を組み合わせる

〈オープン・クエスチョン〉〈1A3Q〉ともに慣れてきたら両者を組み合わせます。〈1A3Q〉のゲーム性を活かしながら、今回は〈オープン・クエスチョン〉しか使ってはいけないとか、〈オープン・クエスチョン〉と〈クローズド・クエスチョン〉を交互に発しなければならないとか、制約をつけて取り組みます。

また、三人一組にして、最後の感想のまとめにはオチをつけなければならないという制約を設け、審判役の生徒がそのオチを最後に10点満点で採点するというような遊びにも発展させられます。この活動は、男子生徒を中心にずいぶんと燃える活動であるようでかなり意欲的になる生徒が多く出ますし、無意識のうちに〈マイクロ・ディベート〉の練習にもなってしまいます。更には、活動時間を延ばし、〈1A3Q〉を〈1A5Q〉や〈1A7Q〉にしていったり、〈1A3Q〉×5回をワンセットとしてゲーム化していくということもできます。

生徒たちは〈クローズド・クエスチョン〉の効果にも気づけるようになっていきます。

ペア・ディスカッションステップ

4 〈ウェッジビング〉をつくる

〈ペア・ディスカッション〉で何かの企画を立てるとします。例えば、文化祭の出し物の候補企画をペアで立てるというような場合です。前に述べましたが、四十人に四十通りの企画案を立てさせるよりも、二人一組で一つずつの練った企画案、全体で二十通りの現実的で練られた企画案を集めるほうが良いアイディアが集まります。また、ペア・グループ学習のスキルアップにも繋がり、学級経営上の効果も期待できます。こうした〈ペア・ディスカッション〉は現在、私の学級経営の核をなす手法の一つです。

さて、ペアで企画案を立てるという場合に、最初に行うことは〈ウェッビング・マップ〉をつくることです。中央に「みんなの楽しめるもの」と書き、去年盛り上がっていた上級学年の企画や高校の学校祭に行ったときに見た企画、定番のゲーム、流行のCMや流行の芸人ネタなどを〈ブレイン・ストーミング〉的に挙げていき、〈ウェッビング〉にまとめていきます。通常、15分程度でかなり充実した〈ウェッビング〉ができあがります。

ペア・ディスカッション
ステップ

5

〈マンダラ〉をつくる

〈ウェッビング・マップ〉ができたら、その中から良いアイディアを〈マンダラ〉にまとめていきます（**図2**）。

中央に「文化祭企画案」と書き、ペアで交互に〈ウェッビング〉から良いものを選択したり、あるものとあるものを組み合わせたり融合させたりしたものを入れていきます。もちろん、新しく思いついて「それが良い」と感じた新たなアイディアを入れても構いません。

一つひとつ、お互いにイメージを説明しながらマンダラに記入していくことが大切です。そうすることで、イメージを共有することができるからです。また、「それ、おもしろい」「それは無理じゃないのぉ」といった検討の萌芽も生まれます。

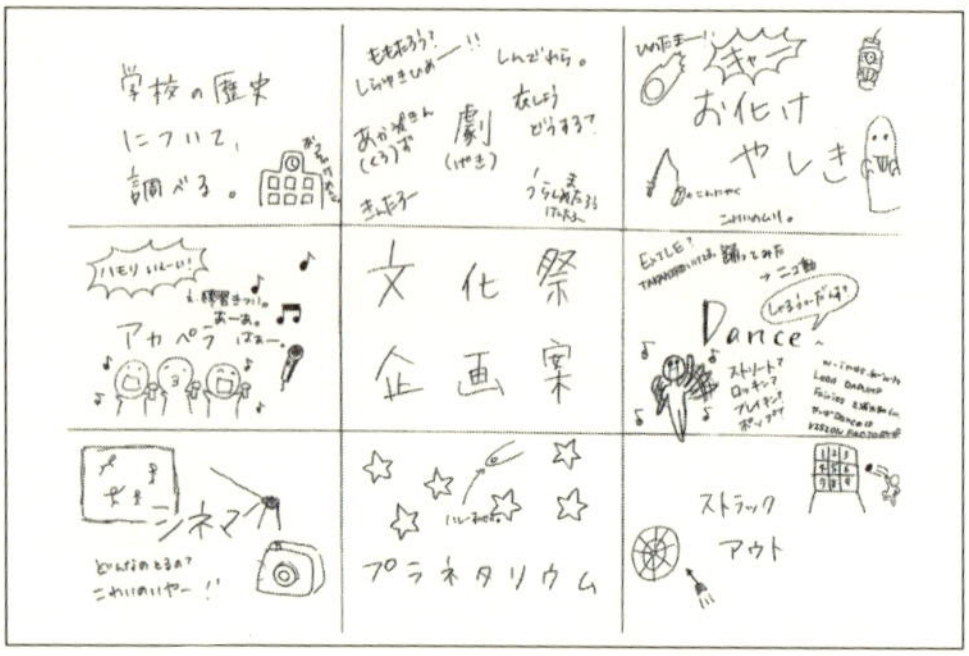

図2

ペア・ディスカッションステップ

6

〈マトリクス〉をつくる

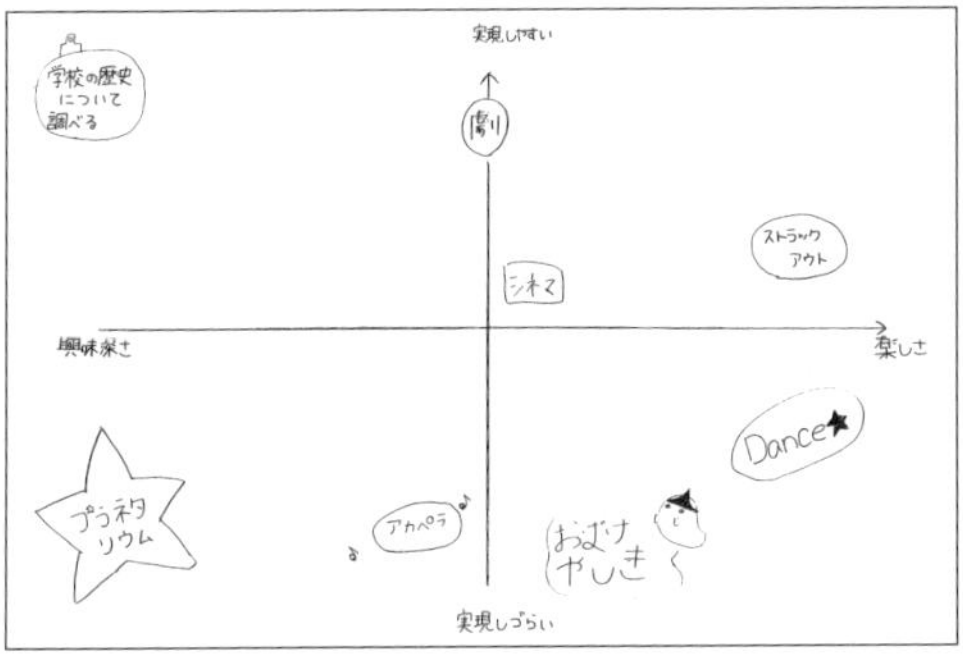

図3

〈マンダラ〉が完成したら、そこに記入された八つのアイディアについて、〈マトリクス〉にします（図3）。

縦軸に〈実現しやすさ〉、横軸に〈楽しさ・興味深さ〉をとり、一つひとつのアイディアをドットで置いていきます。その際、〈実現しやすさ〉〈楽しさ・興味深さ〉の検討をかなり念入りに行うことを指示します。後に、グループ交流や学級会において全員分のアイディアを検討するときに、その良さを説明する上で最も大切な過程となるのがこの〈マトリクス〉をつくる段階だからです。道具は何を使うのか、お金はどのくらいかかるのか、人手はどのくらい必要か、完成までにどのくらいの時間がかかるのか、一つひとつ検討するのです。

ペア・ディスカッション
ステップ
7

〈プライオリティ〉を決める

企画案は全体で交流したときに重なることがあるため、ペアでの企画案は三つ程度用意させることが大切です。一つを先に言われても次の用意がある、という状況をつくるのです。〈マトリクス〉の〈実現可能性〉〈楽しさ・興味深さ〉という二つの観点に従って、三つの企画提案に〈プライオリティ〉（＝優先順位）をつけさせることになります。

ペア・ディスカッション
ステップ
8

〈プラン〉をつくる

三つの企画案の〈プライオリティ〉が決定したら、全体に提示するために〈プランニング〉を行います。企画の名称を決めたり、必要な人数と時間、道具、金額などを考えます。また、三つの企画それぞれの〈利点〉と〈難点〉とを箇条書きします。実はこの〈難点〉を予め想定しながら企画するという構えをつくることが、学校生活を送る上で大切な視点となります。

ペア・ディスカッション
ステップ

9

〈ペア〉を変える

〈オープン・クエスチョン〉、〈１Ａ３Ｑ〉、双方の組み合わせ、企画の立案と、四つの〈ペア・ディスカッション〉の例について述べてきましたが、どの活動も同じペアにするのではなく、次次にペアを組み替えることが必要です。昨日は隣同士、今日は縦に並ぶ者同士、明日は斜めに座っている者同士、明後日は……というように、ペア替えを常とするのです。〈オープン・クエスチョン〉や〈１Ａ３Ｑ〉など、ゲーム性の高い活動については毎回ペアを変えるのが原則となります。また、審判のいる得点制のゲームなら、得点を加算していき、強い者は強い者同士、弱い者は弱い者同士で対戦するように組み替えると盛り上がります。

生徒指導上の観点からも、自分が皆に避けられている生徒と組むことになったとしても、一回限りと思えば生徒も我慢してくれます。〈ペア・ディスカッション〉を繰り返して学級全体が慣れてくると、そういう特定生徒に対する差別意識自体が緩和されるようになってきますので、とにかく最初から頻繁にペア替えをすることが大切なのです。

ペア・ディスカッションステップ

10 〈シェアリング〉を練習する

前節〈ペア・インタビュー〉において、〈インストラクション〉の大切さについて述べましたが、もう一つ〈ワークショップ〉型の授業や学習活動で大切なのが〈シェアリング〉(=振り返り)です。いま行った活動で何を学んだのか、どういったことが有意義だったのか、今後の課題は何かといった内容について、いっしょに活動した者同士で共有することを意味します。

〈シェアリング〉はグループでの活動や学級全体での活動を行う前に、〈ペア・ディスカッション〉の段階から細かく取り組んでおくことが必要です。その後は、四人で行うにしても六人で行うにしても、基本的には同じことをやればよいのだと生徒たちも感じてくれます。その第一段階として、〈ペア・ディスカッション〉での〈シェアリング〉がとても重要なのです。

〈シェアリング〉は、次のように行います。

①〈ペア・ディスカッション〉が終わったら、この活動を通じて「何を学んだか」「良い話し合いが行われた箇所について何が良かったと考えられるか」「今後、もっと話し合いを充実させてい

くためには何が課題だと考えられるか」という三点について、短く箇条書きさせる。
※この際、「課題として考えること」の箇条書きの数が、「何を学んだか」「良かったと考えられること」それぞれの箇条書きの数を超えないことというのをルールとする。この縛りがないと〈シェアリング〉は欠点の指摘し合いや反省ばかりの交流など、ネガティヴな雰囲気に陥りやすい。特に小学生や中学一年生にはその傾向が強いので留意する。
※時間としては3分程度を目処とする。逆に言えば、初期段階では3分程度でこの三つを書ける程度のことしか要求してはいけない、ということである。
②一人ずつ、三つの点について補足説明を入れながら発表する。
③双方の発表が終わった時点で、二人がともに成果として挙げていることを共有化する。
④一方だけが成果として挙げている事柄について、詳しく発表し交流する。これを繰り返す。
⑤双方が課題として挙げている事柄について、お互いにどのように改善すれば良いのかについて感想を述べ合う。
※共有化された課題がない場合には、それぞれ一つずつ課題を挙げて交流する。
⑥〈シェアリング〉で話し合われた内容をもとに短い感想を書く。
〈シェアリング〉は最初は6分程度、慣れてきたら3～4分程度で終わらせるのが最適です。

……… # グループ・ディスカッション
10のステップ

【目的】

①授業や学級活動においてコンパクトな交流を高い頻度で仕組むことによって、他者と交流することの楽しさを知るとともに、温かい雰囲気を醸成する。

②高い頻度で他者と交流することによって、他者の意見を参考にしながら、或いは他者に触発されながら課題解決に至る経験を重ねる。

③自らの意見と他者の意見とを常に区別しながら思考する（赤ペンで色分けする）ことによって、小集団交流の意義を実感する。

④〈第一次自己決定〉と〈最終的な整理〉における自己の変容を自覚することによって、他者との交流の意義を理解する。

【準備】

特になし。場合によっては、前節で紹介した〈コミ

10 steps

①〈合意形成〉なのか〈個人思考〉なのかを定める
②まずは〈個人思考〉をさせ〈表現〉させる
③順番に意見を〈表出〉させる
④〈質問〉をとる場合ととらない場合がある
⑤〈フリー・ディスカッション〉させる
⑥〈時間〉を指定する
⑦〈学んだこと〉は〈赤〉で書き足す
⑧最後に〈整理〉させる
⑨最初に〈フレーム〉を提示しておく
⑩年度当初から〈様々な場面〉で体験させる

ユニケーション・ツール〉やA3判用紙、模造紙など。

【典型的な流れ】

①個人による第一次自己決定
②各々による意見表明
③フリー・ディスカッション
④意見発表or作文orシェアリング

【留意点】

学級活動ではできる限り頻度高く導入して、小集団交流を行うことが当然であるという雰囲気を醸成したい。授業でも毎時間導入することで、授業の質を高めることに大きく寄与する。

【使用上の注意】

一学期は〈グループ・ディスカッション〉のみで良いが、二学期以降はマンネリ打破のために他の手法と併用するなど、様々に工夫することが望ましい。

グループ・ディスカッションステップ 1

〈合意形成〉なのか〈個人思考〉なのかを定める

〈グループ・ディスカッション〉には二つの〈目的〉があり得ます。つまり、〈グループ・ディスカッション〉には二つの使い方があるのです。

一つは、四人で〈合意形成〉を図るというものです。それぞれがアイディアや意見を持ち寄って合意形成を図りながら、最終的には結論を出すというディスカッションです。もう一つは、四人がディスカッションすることによって、それぞれが〈個人の思考〉を〈深化〉させることを〈目的〉とする場合です。それぞれがアイディアや意見を持ち寄ってディスカッションするものの、最終的な結論というものを求めない、それぞれがそれぞれに自分のアイディアや意見を深化拡充すればそれでよし、というものです。前者を〈グループ・ディスカッション〉、後者を〈グループ交流〉と呼ぶ人もいます。

いずれにせよ、〈グループ・ディスカッション〉では、二つのうちどちらを〈目的〉としたものなのかということを教師も生徒もしっかりと意識して行う必要があります。

グループ・ディスカッションステップ

2

まずは〈個人思考〉をさせ〈表現〉させる

研究授業などを参観していていまでもよく見るのは、発問のあと、いきなり小集団の交流に入る仕方です。しかし、この仕方は生産的ではなく非合理的です。問いを発したら、まずはその問いについて個人で思考させ、しかもそれをノートや付箋に書いてみるという経験をさせるべきでしょう。これを一般に〈第一次自己決定〉と呼び、その後の交流や議論をする上での個々人のスタート地点となります。

人間は自分が思考し判断したからこそ、「他人はどう考えているのか」と気になるようになります。また、それをノート等に書き、表現することによってある種の責任感を抱くようになります。つまり、もう一度書いてしまったから逃げも隠れもできない、意見を変えるときには「変わった」と宣言しなければならない、という〈当事者意識〉が生まれるのです。

まずは、問いに正対させて〈個人思考〉を促す、その後〈判断〉させ〈表現〉させる、この単純な過程を軽視してはいけません。

グループ・
ディスカッション
ステップ
3

順番に意見を〈表出〉させる

個々人に〈思考〉させ〈表現〉させたら、いよいよ机を向かい合わせて四人グループをつくります。まずは、四人が自分の〈意見〉を発表し合うところからスタートします。四人全員がそれぞれが何を考えているのか、どういう地点をスタート地点にしているのかを共有するわけです。

私の場合、よく使うのは、各グループで前側の窓側に座っている人から、時計回りで発表させる方式です。「発表順番を自由に」とか「まずは発表順番を決めて下さい」などといったことは避けたほうがよいでしょう。前者はまず「どうやって順番を決めようか」と戸惑うところから交流が始まることになりますし、後者はじゃんけんが始まって教室や会場が一気に雑然とした雰囲気に陥ってしまいます。生徒たちはもう自分の意見をノート等に書いてしまっていて、それを発表することにほとんど抵抗がなくなっています。しかも、何番目に発表するかという違いはあるにせよ、どうせ発表しなければならないのですから、発表順番にたいした意味はありません。教師が順番を決めてその通りにさせたとしても、ほとんど影響がないのです。

グループ・ディスカッションステップ 4

〈質問〉をとる場合ととらない場合がある

順に〈第一次自己決定〉を発表していく上で、それぞれの意見について他の三人から〈質問〉をとる場合ととらない場合とがあります。〈質問〉をとらない場合は、四人がまず自分の意見を言うのみにして順番に一周するということになります。〈質問〉をとる場合には、一人が意見を発表したらそれを理解するために他の三人が質問して、「ああ、そういうことか」と納得したら次の人の発表にいく、ということになります。前者は3～4分程度で四人が発表できますが、後者は6分から場合によっては10分程度かかります。

このどちらを選ぶかは〈問いの難易度〉によります。〈問い〉が難し過ぎたり、或いはあまりにも多様性を誘発する〈問い〉で、それぞれの特異な体験を説明しなければ理解してもらえないような〈問い〉の場合には〈質問〉をとりながら進む、ということになるでしょう。

ただし、〈グループ・ディスカッション〉は場を共有した上で〈問い〉が発せられるわけですから、8割から9割は〈質問〉をとらない意見表明になります。

グループ・ディスカッションステップ 5

〈フリー・ディスカッション〉させる

〈第一次自己決定〉のひとまわりが終わったら、いよいよ〈フリー・ディスカッション〉に入ります。共通点と相違点を検討したり、それぞれの意見を組み合わせて使用したり、或いは批判し合ったりと、様々なことが自由発言によって行われます。

第一章で〈グループ・ディスカッション〉は四人が良いと述べましたが、人数が多いとこの段階でよくしゃべる生徒たちだけで話が進む傾向が強くなってしまうのです。互いに褒め合ったりたたえ合ったりするだけでなく、意見の相違を明らかにしたり、場合によっては批判的な意見も出ることがありますから、そういう場ではおとなしめの生徒にはなかなか発言機会が与えられなくなってしまうわけです。しかし、四人ならば、よくしゃべる生徒たちも「○○くんはどう考えてるの?」とか「○○さんはこの件について何か意見ある?」と働きかける場合が多いのです。生徒たちの中にも一部の人間で議論を進めるのはよくないという意識はあるわけですし、話が混乱したときに他の人の意見を聞きたくなることも多いわけですから。

グループ・ディスカッションステップ

6

〈時間〉を指定する

何事もそうですが、〈時間〉を指定して取り組ませることが大切です。時間無制限にしての交流活動は参加する生徒たちにも〈フレーム〉がなくなり、だらだらと進んでしまいます。

一般的に、〈グループ・ディスカッション〉は、シンプルな〈問い〉ならばそれぞれの意見表明に各1分で合計4分、〈フリー・ディスカッション〉の時間をそれに4分から6分つけて、8分から10分と指定します。

よく、小集団交流時間を設けると生徒が遊び始めてしまうのでやらないことにしている、という教師がいます。或いは、小集団交流は各小集団に時間差ができてしまうので扱いにくい、という教師もいます。しかし、そういう教師の授業を見ていると、総じて小集団交流の時間が長いのです。よほどの大きな〈問い〉、しかも練られた〈問い〉でない限り、〈グループ・ディスカッション〉は8～10分が適しています。〈問い〉が大きく、多少の難解さがある場合でも15分くらいが限度と心得ておいたほうがよいでしょう。

グループ・ディスカッションステップ 7

〈学んだこと〉は〈赤〉で書き足す

それを〈目的〉にしているのですから当たり前のことなのですが、〈グループ・ディスカッション〉では他の三人の意見から新たな見解を学ぶとか、参考になる見解を学ぶとか、或いは考え方の違いを発見するとかいったことが起こります。そうした新たな学びがあったときに、生徒たちにそれを放っておかせてはいけません。他人によって参考になった意見、つまり他人から〈学んだこと〉は、忘れないうちに必ず〈メモ〉させなくてはなりません。

私は授業において、ノートにしてもワークシートにしても付箋紙にしても、他人から〈学んだこと〉は〈赤ペン〉でメモするというルールをつくっています。〈第一次自己決定〉で書いたものに〈赤ペン〉で書き足させるのです。そうすれば、この〈グループ・ディスカッション〉があったからこそ学べたことが、生徒にとって一目でわかるようになります。要するに、〈学び〉が〈見える化〉するわけです。他者との交流が有意義だったということを実感できます。

もちろん、教師がそうしたメモを集めて評価する場合にも一目瞭然となります。

グループ・ディスカッションステップ

8

最後に〈整理〉させる

〈グループ・ディスカッション〉は最後に思考を整理させることが必要です。この段階がなければ、〈グループ・ディスカッション〉を行った甲斐が半減してしまいます

整理の仕方は、〈グループ・ディスカッション〉の〈目的〉によって異なります。〈合意形成〉を意図したディスカッションならば、一般的には全体への発表です。自分たちの出した結論とその結論に至った理由、経緯などを説明することになります。慣れてくると、「グループのだれもが説明できるように、説明の内容、説明の仕方まで交流しておいて下さい。」と指示しておき、説明する生徒をその場で指名するというやり方もあります。

〈個人の思考〉を〈深化〉させるタイプのディスカッションならば、作文を書かせたり、図示させたり、作品をつくらせたりといった形で、〈第一次自己決定〉との違い、〈第一次自己決定〉からの変容を自覚できるような手立てをとることになります。もちろん、〈シェアリング〉によって振り返って、学んだことを〈整理〉するという方法もあります。

グループ・ディスカッションステップ 9

最初に〈フレーム〉を提示しておく

〈グループ・ディスカッション〉において最も大切なことは、事前に〈フレーム〉を提示しておくことです。これまで〈グループ・ディスカッション〉の〈目的〉と〈方法〉について幾つか述べてきましたが、生徒たちにこれから行おうとする〈グループ・ディスカッション〉は、どのような〈目的〉で、どのような〈やり方〉で、どのくらいの〈時間〉で、最後にどう〈整理〉しまとめるのかということに至るまで提示しておくのです。

例えば、次のようにです。最も丁寧な初めて行うときの例を挙げましょう。

【フレーム提示の例】

では、これから〈グループ・ディスカッション〉を始めます。

（前の真ん中のグループのところに行って）このグループを例に説明しますから、皆さん、こちらを向いて下さい。

最初に、前側の窓側の人から意見を言います。はい、前側の窓側の人、全員手を挙げて。（全員が挙手していることを確認する）各グループ、いま手を挙げた人から始めるんですよ。
まず、「私はこうだと思います。理由としては三つ挙げました。」とズバリと言ったあと、「一つ目に〜です。これはこうこう、こういうことです。」と補足説明もします。その後、「二つ目に〜です。これはこうこう、こういうことです。三つ目は……」というふうに意見を言います。そのあとは時計回りで次の人、次の人と意見を言っていきます。四人全員が発表し終わったら、フリー・ディスカッションに入って下さい。「なんか○○ちゃんの言うこと聞いて、〜ってことも思いついたんだけど」とか、「○○くんは〜って言ってたけど、それ違うと思うなあ。だってさ」とか、こういう感じで自由に発言して構いません。何か質問はありますか？（確認する）
では、赤ペンを出して下さい。〈グループ・ディスカッション〉の中で、他の人の意見で参考になったというものがあったら、さっき書いたメモに赤で書き足して下さい。このディスカッション中はペンは赤ペンしか使いませんよ。良いですね。
時間はだいたい意見表明に一人1分で4分、その後、〈フリーディスカッション〉が4分で、8分を目処にします。皆さんの様子を見て、もう少し延ばしたり縮めたりということもあるかもしれません。そのときは先生の指示に従ってください。では、全体を通して何か質問はありませんか？（確認する）では、スタート！

グループ・ディスカッションステップ 10

年度当初から〈様々な場面〉で体験させる

いまの時代、どの教科の教師も、授業が講義中心だけで良いとは考えていないはずです。その証拠に、秋の研究授業になると教科を問わず生徒たちの交流学習で進めようとします。しかし、日常的に交流学習をやっていないものですから、それがうまく機能しない……という結果に陥ります。もしもあなたが、最終的には生徒同士の交流・協同によって課題解決を図るような授業ができるように展開していきたいと考えているのならば、それは四月から計画的な指導が必要になります。具体的には、すべての授業で交流時間を仕組めばよいのです。

ただし、それほど長い時間でなくてもけっこうです。私の場合、すべての授業で8分以上の小集団交流を設定するということを自分に課しています。二つの効果があります。

まず第一に、授業に必ず小集団交流を入れるということは、小集団交流をするに値する中心課題がすべての授業に必要になる、ということです。授業づくりでこの効果は軽視できません。例えば、「今日は何やろうかな」とか「今日はどうやってやろうかな」と漠然と考えていた授業像が、「今日は何について話し合わせようか」というようにポイントが絞られるのです。

　また第二に、必ず小集団交流を入れるということは、もうそれだけで50分の授業時間のうちの15分から20分近くが費やされてしまうということです。そうしますと、教師が進める一斉指導場面の時間が必然的に短くなるのです。

　そこでは二つのことが起きます。一つは、一斉授業で指導すべき指導事項に優先順位をつけて、より大切なことを扱おうという意識が教師に働くようになります。またもう一つは、説明・指示・発問といった教師の指導言を極力時間をかけずに行う必要に迫られますから、教師が日常的に簡潔なことばで生徒たちに語りかけようと意識するようになります。この二つが行われるようになっただけで、授業は格段にスッキリとした構成になるものです。それは言い換えるなら、授業がシステムとして動き始めることを意味しているのです。

　是非、皆さんにもお勧めしたい手法です。

　年度当初はあれこれと学級経営上のシステムづくりがあって大変な時期です。授業に〈グループ・ディスカッション〉を導入し続けるなどという余裕はないようにも思われるかもしれません。しかし、〈教室ファシリテーション〉を学級活動や授業に本格的に導入しようと思えば、四月から〈様々な場面〉で意図的に小集団による活動を仕組んでいかなければならないのです。

……… マイクロ・ディベート
10のステップ

【目的】

①論題について賛否双方の立場から議論してみることによって、多角的なものの見方・考え方を学ぶ。

②〈ジャッジ〉を経験することによって、メリットとデメリットの相関について考え、多角的な判断力の育成に培う。

③自らの意見と他者からの学びとを常に区別しながら思考する（赤ペンで色分けする）ことによって、小集団交流の意義を実感する。

④調べ学習や意見文の執筆など、様々な学習方法、学び方があり、それらに総合的に取り組むことが必要であることを実感する。

【準備】

①ワークシート

②ストップ・ウォッチ

10 steps

①〈多角的に見る力〉を育むことを〈目的〉とする
②〈ゲーム〉であることを徹底して強調する
③まず〈論題〉を提示する
④〈全体像〉を提示する
⑤〈フォーマット〉を提示する
⑥〈グループ〉に分ける
⑦システマティックに繰り返す
⑧ワークシートは次第に〈白紙〉にしていく
⑨〈調べ学習〉と連動させる
⑩〈意見文〉にまとめる

【典型的な流れ】

①マイクロ・ディベートの意義の理解
②論題の提示
③論拠の列挙
④マイクロ・ディベート・ゲームの体験
⑤調べ学習
⑥再び、マイクロ・ディベート・ゲームの体験
⑦意見文の執筆

【留意点】

〈マイクロ・ディベート〉の各段階は、一つひとつ静かにさせて区切る必要がある。次の段階へと進んでも一人の人間がしゃべりっぱなしということは絶対に避ける。

【使用上の注意】

声の大きい者、アクションの大きい者が相手を圧倒する場合があるので、留意する必要がある。

マイクロ・ディベートステップ

1

〈多角的に見る力〉を育むことを〈目的〉とする

第1章でも述べましたが、〈マイクロ・ディベート〉は、独善に陥りがちな生徒たちの視野を広げ、思考を活性化し、多角的にものを見て判断する力の育成に培うことを〈目的〉としています。決して、議論に勝つ方法、詭弁の労し方を学ぶ学習ではありません。学校教育に〈ディベート〉が導入されて二十年になりますが、いまだにやったこともないのにイメージだけで誤解している方が多いという現実があるので、もう一度、強調しておきます。

生徒たちは議論に勝つことや新たな説得法を発見したときには大喜びします。しかし、教師までそれに流されてしまってはいけません。常に〈多角的に見る力〉を育むことが〈マイクロ・ディベート〉の〈目的〉なのだという心構えを忘れないことが必要です。具体的には、「勝ってよかったな」とか「強くなったな」とかいった指導言ではなく、「用意している根拠が増えたな」とか「対戦を重ねてどんどん理解が深まってるみたいだね」とか「ディベートをやっているうちに考えが変わった人はいるかい?」といったタイプの指導言を投げかけ続けることが大切です。

マイクロ・ディベート
ステップ

2

〈ゲーム〉であることを徹底して強調する

私が取り組んでいる〈マイクロ・ディベート〉はあくまでも〈ゲーム〉です。〈ゲーム〉ですから勝ち負けがつきますし、生徒たちはその勝ち負けを競い合いながら意欲的に取り組みます。要するに、生徒たちのモチベーションの原動力は勝ち負けの決まる〈ゲーム〉であることにあるのは確かです。いわば、〈多角的に見る力〉を育成するという〈目的〉のために、〈ゲーム〉性の楽しさを利用していると捉えていただけるとわかりやすいでしょう。

さて、実際に始めて見ると生徒たちのほぼ全員が楽しむことのできる〈マイクロ・ディベート〉ですが、初めて行う場合にはおとなしい生徒や他人とのコミュニケーションが苦手な生徒にとっては不安感が大きいものです。初めてやるときには「あくまでも〈ゲーム〉に過ぎない、〈遊び〉に過ぎない」ということを徹底して強調する必要があります。基本的には、〈ペア・ディスカッション〉や〈グループ・ディスカッション〉に慣れてから行うことをお勧めします。私は一年生の二学期末から〈マイクロ・ディベート〉を始めることにしています。

マイクロ・ディベートステップ 3

まず〈論題〉を提示する

〈インストラクション〉の後、私はワークシートを配付し、まず〈論題〉を提示します。最初に行うのは「札幌市立○○中学校は制服登校を廃止し、私服登校にすべきである」です。①生徒たちがノれるタイプの〈論題〉であること、②資料をまったく必要としないこと、③賛成派と反対派がほぼ半々に分かれること、の三つの理由によります。

これを提示してワークシート5に視写させた後、論題横の枠に「賛成の人は○を、反対の人は×を書きなさい。」と指示します。分布を確認したあと、「賛成の人は賛成の理由を、反対の人は反対の理由を、それぞれ五点以上箇条書きしない。時間は8分です。」と指示します。その間、一つでも書けた生徒の理由を読み上げ、「いいねえ」とか「そうだよなあ」と褒めます。理由の書けない生徒たちにモデルとして機能させるためです。ですから、全体に読み上げるのは「そんな思いつきのものでいいのか」という印象を抱かせるような簡単なものを敢えて選びます。六つから八つくらい読み上げたところで、生徒たちの様子を見ながら箇条書きに集中させせます。

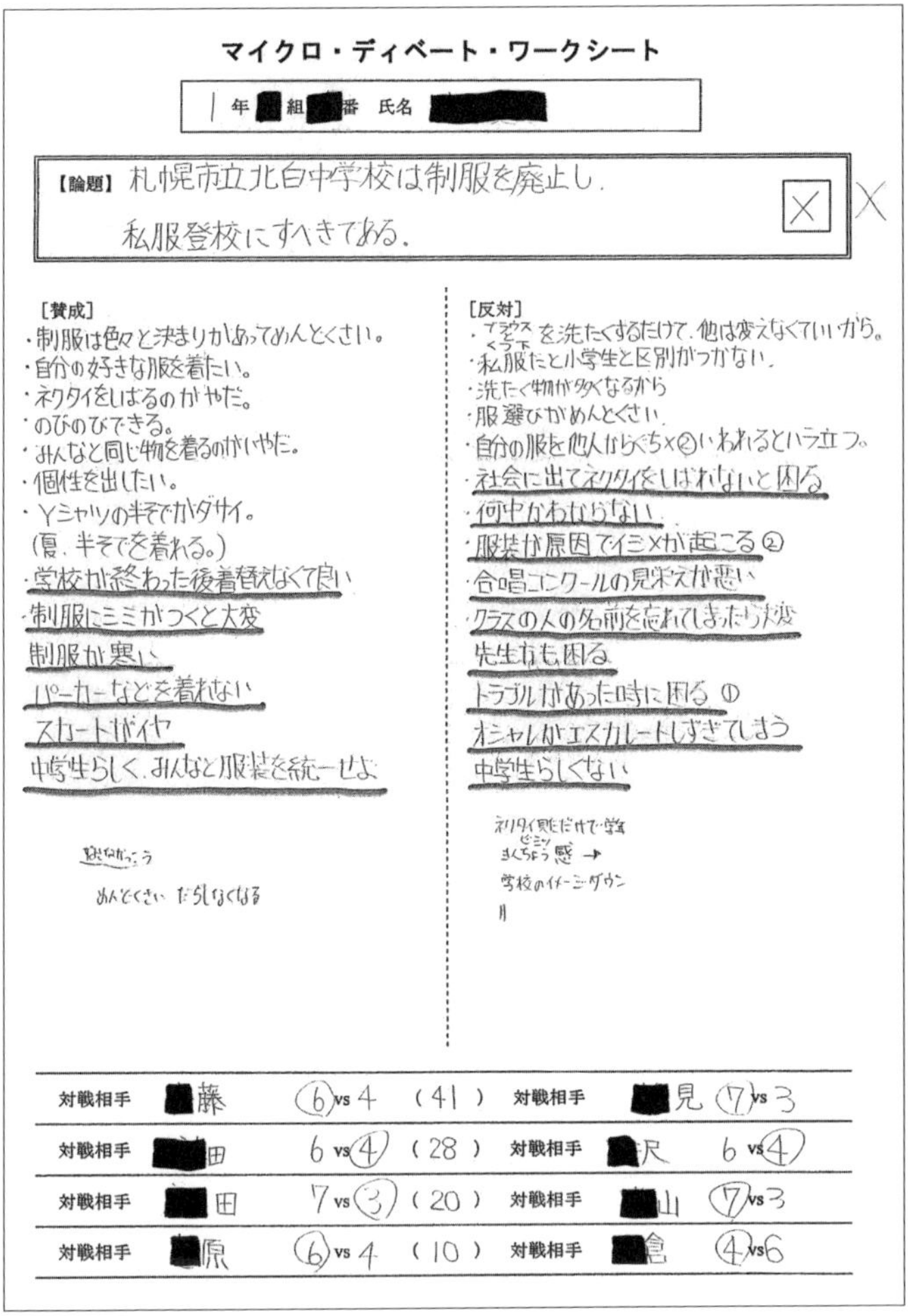

マイクロ・ディベート・ワークシート

1 年 [redacted] 組 [redacted] 番　氏名 [redacted]

【論題】札幌市立北白中学校は制服を廃止し、私服登校にすべきである。 ×　×

［賛成］
- 制服は色々と決まりがあってめんどくさい。
- 自分の好きな服を着たい。
- ネクタイをしばるのがやだ。
- のびのびできる。
- みんなと同じ物を着るのがいやだ。
- 個性を出したい。
- Yシャツの半そでがダサイ。
(夏、半そでを着れる。)
- 学校が終わった後着替えなくて良い
- 制服にシミがつくと大変

制服が寒い
パーカーなどを着れない
スカートがイヤ
中学生らしく、みんなと服装を統一せよ

泣きながらこう
めんどくさい　だらしなくなる

［反対］
- ブラウスとくつ下を洗たくするだけで、他は変えなくていいから。
- 私服だと小学生と区別がつかない。
- 洗たく物が多くなるから
- 服選びがめんどくさい
- 自分の服を他人からぐちぐち言われるとハラ立つ。
- 社会に出てネクタイをしばれないと困る
- 何もかわからない
- 服装が原因でイジメが起こる ②
- 合唱コンクールの見栄えが悪い
- クラスの人の名前を忘れてしまったら大変

先生方も困る
トラブルがあった時に困る ①
オシャレがエスカレートしすぎてしまう
中学生らしくない

ネクタイ見ただけで学年
きんちょう感《ピシッ》 →
学校のイメージダウン
↓

対戦相手	[redacted]藤	⑥vs4（41）	対戦相手	[redacted]見	⑦vs3
対戦相手	[redacted]田	6vs④（28）	対戦相手	[redacted]沢	6vs④
対戦相手	[redacted]田	7vs③（20）	対戦相手	[redacted]山	⑦vs3
対戦相手	[redacted]原	⑥vs4（10）	対戦相手	[redacted]倉	④vs6

ワークシート5（表面）

マイクロ・ディベートステップ

4 〈全体像〉を提示する

賛成・反対にかかわらず自分が判断した理由を五点以上書けたら、〈マイクロ・ディベート〉の〈全体像〉を提示します。次のように言います。

【全体像の提示】

実は、今回行うディベートは〈マイクロ・ディベート〉といって、一対一の討論です。だれにも頼ることはできません。自分一人の力で〈ゲーム〉をするのです。しかも、三人一組で行い、3回戦で1セットです。

次のように行います。

Aさん、Bさん、Cさんを一組とします。机は**板書1**のように配置します。向かい合っているAさん、Bさんの席が対戦席、Cさんの席が審判席です。

まず、Aさんが賛成派、Bさんが反対派、Cさんが審判で1回戦を行います。それが終わったら**板書2**のように場所を入れ替えます。つまり、Cさんが賛成派、Aさんが反対派、Bさんが審

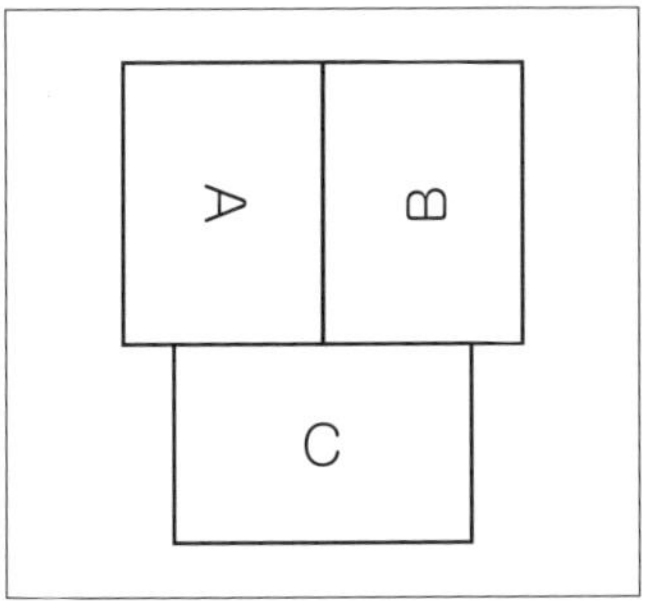

板書1

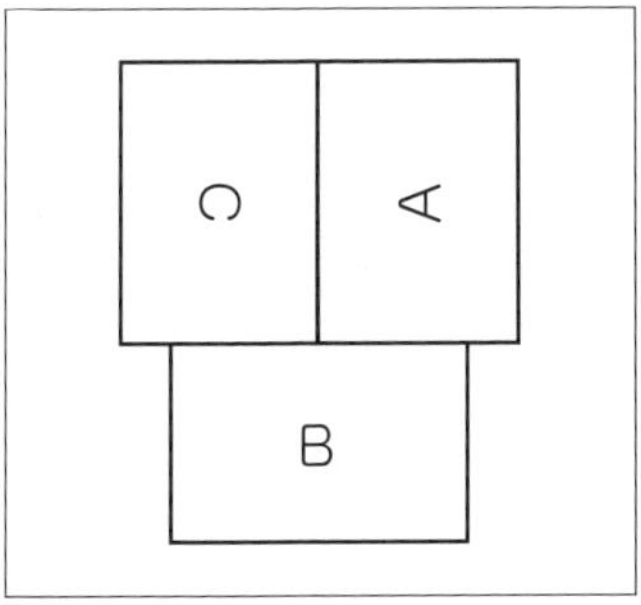

板書2

判となるわけです。これが2回戦です。当然、3回戦目はBさんが賛成派、Cさんが反対派、Aさんが審判です。

この3回戦で1セットとなるわけですね。

つまり、〈マイクロ・ディベート〉では、自分がこの論題について賛成だと思っているからといって、ずーっと賛成の意見ばかり言えるわけでもないし、自分が反対だからといって、ずーっと反対の意見ばかりを言えるわけではないのです。

なんとなく、何が行われようとしているのかはつかめましたね。

結局、何を言いたいかというと、いまのまま、片方だけの理由を書いていたのでは、〈マイクロ・ディベート〉を始められせんよ、ということです。自分が思っていないことの理由を考えるのは難しいかもしれませんが、挑戦してみましょう。ワークシートのもう片方に、理由をやはり五点以上箇条書きしてください。では、はじめ！

マイクロ・ディベートステップ

5

〈フォーマット〉を提示する

〈全体像〉を提示して、賛成・反対双方の理由（論拠）を全員が用意できたら、いよいよ〈マイクロ・ディベート〉の〈フォーマット〉を提示します。ここはどうしても説明が長くなってしまうので、一つひとつ、生徒たちが理解しているかをしっかりと確認しながら説明していく必要がありますので注意して下さい。次のように説明します。

【フォーマットの提示】

それでは、〈マイクロ・ディベート〉の進め方を説明していきます（板書3）。重要なルールをたくさん説明しますので、鉛筆を置いて集中して聞いて下さいね。

まず、賛成派が「立論」します。「私は私服登校に賛成です。その理由は第一に……だからです。これは……という意味です。第二には……ということがあります。ともすると私たちは……となりがちですが、これは……」というように、まずは論を立てます。これを「立論」というわけです。これが60秒、つまり1分間です。

次に反対派が立論します。賛成派立論と同じ要領です。賛成派にしても反対派にしても、立論では理由を多くもっているほうが有利になります。

第三は賛成派の「反論」です。「○○くんは……と言いましたが、それは……ということが考えられます。また、……という例外もあるのではないでしょうか。それに……とも言いましたが、それは○○くんの思い込みに過ぎません。そもそも……」というように、相手が「立論」で述べた理由をつぶしていきます。

第四は反対派の「反論」です。賛成派の「反論」と同様に行います。

ただし、ここで絶対に守らなければならないルールの一つ目を説明します。〈マイクロ・ディベート〉は賛成派・反対派・賛成派・反対派の順で意見を述べていきます。反対派は常に賛成派の「立論」や「反

マイクロ・ディベート
1）賛成派立論（60秒）
2）反対派立論（60秒）
3）賛成派反論（30秒）
4）反対派反論（30秒）
5）フリー・デスカッション（60秒）
6）ジャッジ（一瞬）
7）シェアリング（120秒）

板書3

論」を聞いてから「立論」「反論」をしていくことになります。しかし、反対派が賛成派の意見に対して何らかの意見を言えるのはこの第四コーナーの「反対派反論」において初めてできるようになるのです。二番目のコーナーである「反対派立論」で賛成派の意見を絶対につぶしてはいけません。それは反則です。ルール違反で失格になります。それをやっちゃったら不公平になりますからね。審判はそういうルール違反がないか、しっかりと議論を聞いて下さいね。

さて、第五です。双方の立論と反論が終わったら、「フリー・ディスカッション」という60秒があります。いつ、どちらがしゃべってもよい時間です。

ここでも絶対に守らなければならないルールがあります。実は「立論」と「反論」では、賛成派立論では賛成派だけ、反対派立論では反対派だけしかしゃべってはいけません。相手の立論中や反論中に口を挟んでしまったらルール違反で失格です。

また、第一・第二コーナーの「立論」、第三・第四コーナーの「反論」、第五コーナーの「フリー・ディスカッション」に至るまで、審判はただの一度もしゃべってはいけません。うなずくことも笑うことも厳禁です。対戦している人にルール違反があったときのみ、注意を与えて下さい。注意しても違反があった場合にはディベートを止めて、違反者を失格にして下さい。

まとめますと、賛成派立論60秒、反対派立論60秒、賛成派反論30秒、反対派反論30秒、フリーディスカッションが60秒、以上の4分間で討論は終了します。

このあとは「ジャッジ」です。いよいよ、審判の登場となります。先生が「せ〜の〜ドン！」と言いますから、審判は「こっちの勝ち！」と勝ったほうに手を挙げてください。これは一瞬で終わります。

その後、先生が「それではシェアリングに入って下さい」って言いますから、審判は何対何で○○くんの勝ち！っていうふうに得点を言って下さい。得点は足して10になるように設定します。9対1、8対2、7対3、6対4の四通りでジャッジします。5対5の引き分けはなしです。10対0もなしですよ。その後は、審判がなぜそういう数字になったのかということを説明します。「賛成派……という理由と……という理由、……に……と四点の理由を挙げました。それに対し反対派……と……と……という三点でした。しかも賛成派は反対派の三つの理由のうち、……を……という理由で、……を理由で説得力ある反論をしていました。しかし、反対派は賛成派の四つの理由のうち……に対してしか明快な反論をしませんでした。従って、8対2で賛成派の勝ちと判断しました。」というような説明の仕方をするわけです。明快に、しかも論理的に説明しなくてはなりません。

ワークシート5の裏を見て下さい。

ジャッジ・シート

賛成（[redacted]原、）	反対（[redacted]倉）
ネクタイがめんどくさい おちつく その人の特ちょう 着るのがめんどくさい 学校が終わった後着がえなくていい。 せんたくできない うごきやすい	私服でイジメ問題が起こる どこ中か分かるほうがいい 何着るかまよう ネクタイを結ぶ勉強

Sharing

早く話しすぎて、時間があまってしまったので
もっとゆっくり話したほうが良かったかなと
思いました。
私が笑いすぎました。

賛成（[redacted]田）	反対（[redacted]山）
めんどい サイズが… お金 X 自分なりのせいふく 知らない人に名前 スカートがいやな人 気持ちがひきしまる そのままでいいから 私服がいい X よごれ X	ケチつけれない ネクタイ 服・イジメなし 名前あっていい X ネクタイ 内ポケ X せんたくいける

Sharing

賛成（[redacted]）	反対（[redacted]尺）
15個 あまり30秒さ♡ どこ中かわからない ネクタイ ネームプレート	9個 あまり25秒 ♡ ネクタイ 制服

Sharing

賛成（[redacted]見）	反対（[redacted]蕀）
10秒以内に終わった 9個 見分けつかない 目印つける 制服でも不良は不良だ 私服せんたくX	10秒前 7個 金かからない 私服のほうがかかる。 自由

Sharing

ワークシート5（裏面）

そこには〈ジャッジ・シート〉があります。自分が〈ジャッジ〉するときに賛成派がだれで反対派がだれだったのか、まずは名前を書きます。その下の欄には、賛成派が何を理由にしていたか、反対派が何を理由にしていたかを、ごくごく簡単な言葉でメモしていきます。しかも、それらが反論によってつぶされた場合には、×印や二重線などを使って消していきます。その論拠なんかも簡単にメモできたらよいですね。例えば「×コセイ↑キハンのレンシュー」（板書する）のようにです。こういうメモをしっかりとって、〈ジャッジ〉を行うのです。実は、賛成派、反対派、審判のうち、最も難しいのは〈ジャッジ〉をしなければならない審判なのです。

もちろん、審判の〈ジャッジ〉は絶対です。どんなに納得できなくても文句を言ってはいけません。文句を言ったら失格にします。

〈ジャッジ〉の理由が明確になったら、今回の議論をもっと有意義にするにはどうしたらよかったかを交流します。例えば、「○○くんは……という理由をつぶすことにこだわりすぎて躍起になっていたけれど、もっと他の理由への反論にも目を向けたほうがよかったよね」とか、「○○さんはフリー・ディスカッションの間中、○○くんに圧倒されてずーっと引いていたけれど、もっと勢いつけて闘わなくちゃ、ゲームなんだから」とかいった交流をするわけです。

フォーマットが伝わりましたか？　何か質問はありませんか？

マイクロ・ディベート ステップ 6

〈グループ〉に分ける

「それでは、三人グループに分けていきます。これから先生がA・B・Cと指名していきますから、自分がAさんなのかBさんなのかCさんなのか、しっかりと確認して下さいね。」

こう言って、座席の近い者同士をA・B・Cと次々に指名していきます。学級に四十人いるとして、1分かからないくらいで全員を指名していくくらいのスピードです。このとき、三人グループがすべて同性にならないように配慮します。学級の人数が3の倍数でないときは、応援教師を用意します。一番良いのは国語教師の応援ですが、それが難しい場合には学年教師で構いません。教師が相手でも生徒たちは臆することはありませんし、かえって張り切るくらいです。教師の側も「生徒には負けられない」と頑張ります。どうしても応援教師がみつからない場合には、下位の生徒を二人一組で一人分として対応するなどいった手立てを講じなければなりません。

最後に「Aさん手を挙げて」「Bさん手を挙げて」「Cさん手を挙げて」と全員が自分が何なのかを理解したどうかを確認します。その後、机・椅子を移動して座席を向かい合わせます。

マイクロ・ディベート
ステップ
7

システマティックに繰り返す

この後、実際に〈マイクロ・ディベート〉のゲームに入っていきます。私の経験でいうと、初めて〈マイクロ・ディベート〉に取り組む第一時は、〈マイクロ・ディベート〉の説明の後に1ゲームだけやって終わるのが常です。第二時に第1セットの残りの2ゲームと第2セットを、第三時になると慣れてきて、一時間に安定して2セットずつ行うことが可能となります。

①得点の付け方

第一ゲームが終わったら、自分が獲得した得点を記入していきます。次のように言います。

「AさんとBさんに言います。Cさんもあとで必要になりますからよく聞いて下さい。Aさんはいま、賛成派としてゲームをしました。Aさんは賛成派としてだれと対戦したのか、ワークシート表面の『対戦相手』と書かれた四段のうち一番下の段に相手の名前を書いて下さい。そして何対何で勝ったのか、或いは負けたのか、その数字を記録します。自分が獲得したほうの点数は○で囲んで下さい。Bさんは反対派として対戦しましたから反対派のほうに同じように書きます。」

この作業が終われば、ゲームが一つ終了したことになります。この欄は1セット、つまり、AさんからCさんまでがすべての役割を終えると、三人ともに賛成・反対の記録が埋まることになります。そこで、丸で囲まれている自分の点数、つまり、賛成派として獲得した点数と反対派として獲得した点数とを足した点数を中央の括弧の中に書き込みます。賛成派として8対2で勝ち反対派として6対4で勝ったとしたら、8＋6で14点となるわけですね。

この点数は1セット終わるたびに加算されていきます。1セット目で14点獲得し、2セット目で8点獲得したとしたら、2セット目のときの真ん中の括弧には、14＋8で22点となります。3セット、4セット目も同じように加算していき、総合点を常に意識させていくわけです。

②組替えの仕方

第1セットが終わったら、生徒全員を一度、教室の後ろに並ばせます。第1セットを終えての最高点は賛成派としても反対派としても9対1で勝ったという18点です。ですから、「18点の人いますか?」「17点の人いますか?」と聞いて挙手させ、教室の前方廊下側の席から埋めていきます。最後の3点とか2点とかいう人は後方の窓側になります。こうして組替えが行われます。

この際、前に対戦した人とできるだけ同じグループにしないように配慮することが必要です。7～13点くらいにはたくさんの生徒たちがひしめき合いますから、そのような配慮は十分に可能です。

慣れてくると、点数の高い生徒と教師が対戦することもとてもおもしろい展開になります。タイムキーパーは生徒にさせても十分にできますから、教師としても、自分も参加しようと思えばいくらでも参加できるわけです。次第に生徒たちは教師との対戦を楽しみにするようになります。〈マイクロ・ディベート〉は、教師と生徒との人間関係づくりにも寄与するのです。

③論拠の増やし方

〈グループ・ディスカッション〉の項でも述べましたが、対戦していると、相手の論拠から学ぶということが起きます。「その論拠もらった」というわけです。そのように論拠が増えていくことが、次のセット以降で対戦相手が変わったときに大きく効力を発揮するわけです。

そのように他人からもらった論拠については、ワークシートに赤で書き加えていきます。赤い論拠が増えれば増えるほど、毎回のゲームが自分にとって有意義であったことが生徒自身に実感されます。また、教師がワークシートを集めて評価する段階になっても、一人ひとりの生徒たちに〈マイクロ・ディベート〉がどの程度機能しているのかが一目瞭然になります。

ワークシートは毎時間必ず回収しましょう。次の時間に忘れたら参加できなくなります。

マイクロ・ディベートステップ 8

ワークシートは次第に〈白紙〉にしていく

論題を三つくらい体験したら、生徒たちもワークシートの書き方にも完全に慣れてきます。生徒たちの様子を見ながら、次第にワークシートは**白紙のB４判用紙**に変えていきます。生徒たちが自ら工夫しながらシートを構成することを求めていくのです。

ただし、賛成派・反対派の論拠を分けて書くこと、表面の下方には得点記入欄をつくることだけは崩してはいけません。

私の場合、年間に二つの論題、意見文の執筆やコンピュータ室での調べ学習も含めて10時間程度（国語）を〈マイクロ・ディベート〉にあてています。「私服登校」の他、「給食制度の是非」「サマータイム制の是非」「学校選択制の是非」など、その他、そのときどきの時事問題を取り上げます。三年次には、「学校選択制の是非」を論題に学年全員九十三人で行ったこともあります。この授業は校内研修会の公開授業でしたが、３クラスの１位同士の対戦や最下位同士の対戦もあり、たいへん盛り上がりました。

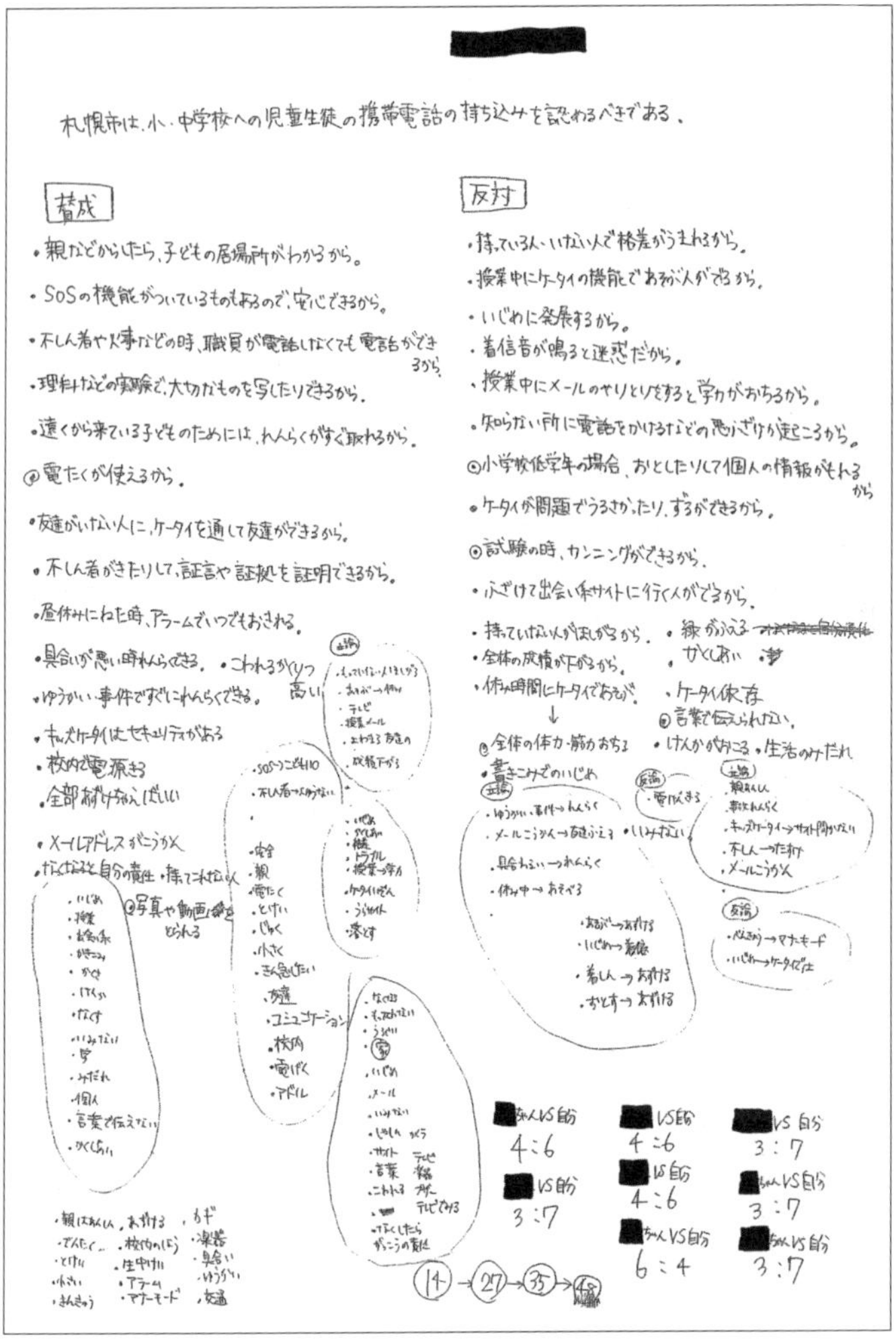
[redacted]

札幌市は、小・中学校への児童生徒の携帯電話の持ち込みを認めるべきである。

賛成

- 親などから心配したら、子どもの居場所がわかるから。
- SOSの機能がついているものもあるので、安心できるから。
- 不しん者や火事などの時、職員が電話しなくても電話ができるから。
- 理科などの実験で、大切なものを写したりできるから。
- 遠くから来ている子どものためには、れんらくがすぐ取れるから。
- ◎電たくが使えるから。
- 友達がいない人に、ケータイを通して友達ができるから。
- 不しん者がきたりして、証言や証拠を証明できるから。
- 昼休みにねた時、アラームでいつでもおきれる。
- 具合いが悪い時れんらくできる。
- こわれるかもしれない　高い
- ゆうかい事件ですぐにれんらくできる。
- キッズケータイはセキュリティがある
- 校内で電源きる
- 全部あずければいい
- メールアドレスがこうかん
- なくなると自分の責任
- 持ってこれない人
- ◎写真や動画がとられる

反対

- 持っている人、いない人で格差がうまれるから。
- 授業中にケータイの機能であそぶ人がでるから。
- いじめに発展するから。
- 着信音が鳴ると迷惑だから。
- 授業中にメールのやりとりをすると学力がおちるから。
- 知らない所に電話をかけるなどの悪ふざけが起こるから。
- ◎小学校低学年の場合、おとしたりして個人の情報がもれるから
- ケータイが問題でうるさかったり、ずるができるから。
- ◎試験の時、カンニングができるから。
- ふざけて出会い系サイトに行く人がでるから。
- 持っていない人がほしがるから。
- 絆がふえる
- かくしあい
- 全体の成績が下がるから。
- 休み時間にケータイであそぶ。→ ◎全体の体力・筋力おちる
- ケータイ依存
- ◎言葉で伝えられない。
- けんかがおこる
- 生活のみだれ
- 書きこみでのいじめ

[redacted]ちゃんVS自分　4：6
[redacted]VS自分　3：7
[redacted]VS自分　4：6
[redacted]VS自分　4：6
[redacted]ちゃんVS自分　6：4
[redacted]VS自分　3：7
[redacted]ちゃんVS自分　3：7
[redacted]ちゃんVS自分　3：7

14→27→35→48

ワークシート（白紙のＢ４用紙）

マイクロ・ディベート
ステップ
9

〈調べ学習〉と連動させる

〈マイクロ・ディベート〉に慣れ、学年も上がり、論題も難しくなってくると、生徒たちが論拠を増やすために〈調べ学習〉を求めてくるようになります。その際は、コンピュータ室に連れて行き、一時間まるまるインターネットで論拠を探させることになります。

ただし、教師が投げかけて〈調べ学習〉を行ってはいけません。あくまでも生徒たちが調べたいというのを待つのです。

そのためには、「サマータイム制の是非」や「学校選択制の是非」といった難解な論題であっても、それまで通り、自分たちの手持ちの知識だけで一度〈マイクロ・ディベート〉に取り組ませてみることが必要です。

生徒たちは〈マイクロ・ディベート〉に取り組んでいるうちに、自分たちの議論があまりにもイメージ先行であり、議論が浅いということに気づいていきます。必ず調べさせてほしいと言ってきます。その意欲喚起を待つのです。

マイクロ・ディベート
ステップ

10

〈意見文〉にまとめる

最初に述べたように、〈マイクロ・ディベート〉はあくまで〈多角的にものを見る力〉を育成することを目的としています。従って、やりっ放しはよくありません。最終的には必ず意見文を書かせましょう。私の場合、一年生は四〇〇字、二年生は八〇〇字、三年生は一二〇〇字を規定字数としています。必ず「反論の想定」を入れるようにと指示します（第1章参照）。

4～5セットの〈マイクロ・ディベート〉を体験した後に書かれる意見文は、これまで見たこともないような質の高いものになります。調べ学習を経ているものになると、大人顔負けのものが登場します。

しかも、〈マイクロ・ディベート〉を経て、書くべき内容は生徒たちのだれもがもっているわけですから、書くことがない子、書けない子が一人も出ません。生徒たちの執筆意欲も普段の作文とは格段に違います。一度、時間が足りないときに意見文の執筆を宿題にしたことがあるのですが、特に請求することもなく、九十三人の生徒たちが一人残らず提出したことがありました。

ロールプレイ・ディスカッション10のステップ

【目的】

①様々な役割について〈ロールプレイ〉で体験的に学ぶことによって、立場の違いによる共通点・相違点を考え、多角的なものの見方・考え方を学ぶ。

②楽しく身近なネタで〈ロールプレイ〉をすることによって、〈シェアリング〉に本音ベースの基盤をつくる。

③〈観察者〉を設定した〈シェアリング〉によって、日常会話における話し方・聞き方について、「会話の雰囲気づくり」や「情の喚起」といった即時的なコミュニケーションの条件について考える。

④対比・類比による学習が理解を深め、思考を深めるということを体験的に学ぶ。

【準備】

①ワークシート

10 steps

①〈ロールプレイ〉を楽しませる
②本音ベースの〈シェアリング〉を〈目的〉とする
③〈観察者〉を設定する
④目的的に〈スキル〉を身につけさせる
⑤〈定番授業〉をもつ
⑥〈追試実践〉を発展させる
⑦〈日常の問題〉を取り上げる
⑧〈時事問題〉を取り上げる
⑨〈バリエーション〉をつくる
⑩〈汎用性〉を高める

②ストップ・ウォッチ

【典型的な流れ】
①ロールプレイ・ディスカッションの意義の理解
②設定の提示
③ロールプレイの準備（心構えをつくる）
④役割カードによるロールプレイ
⑤シェアリング
⑥感想の執筆
⑦感想の交流

【留意点】

ペアで行う簡単なものは年度当初から導入して、〈シェアリング〉に慣れさせるために用いるとよい。


【使用上の注意】

「ダメなものはダメ!」の繰り返しや説教口調によって相手を圧倒するなどの行為が出る場合があるので、〈威嚇行為の禁止〉を徹底する必要がある。

ロールプレイ・ディスカッションステップ 1

〈ロールプレイ〉を楽しませる

私が新しい学級、新しい学年を担当して最初に行う〈ロールプレイ〉は、〈親子交渉〉です。二人一組（男女）になり、母親と息子、父親と娘という役割を担って演技をしながらやりとりをします。具体的には、息子・娘が母親・父親に何かを買ってほしいとねだる、という設定です。例えば、「時間は1分、息子さん娘さんはスマホの新製品をねだってください。よーい、はじめ！」と言って行います。最初に子の側が「ねえ、お父さん、欲しいものがあるんだけど……」と始めます。子が親を詰まらせるか、親が拒否のまま1分間経つと終了です。

これは〈ロールプレイ〉、即ち〈役割演技〉というものに慣れることを目的とする活動ですから、ほとんど準備させずに「とりあえずやれ」という態度で行うのが適しています。そうすると、生徒たちの中に非常にわざとらしく、それでいてうまく演技する者が数人現れます。それを全体に見せることによって、モデルとして機能させます。組替えをしながら三回もやると、ほとんどの生徒がノリノリで〈ロールプレイ〉をするようになります。

ロールプレイ・ディスカッションステップ

2

本音ベースの〈シェアリング〉を〈目的〉とする

〈ロールプレイ・ディスカッション〉は実は〈ロールプレイ〉自体を〈目的〉としているのではありません。それを〈目的〉とするならば、作戦を立てさせたり演技力を相互評価したりという準備が必要になります。しかし、それが〈目的〉ではないからこそ、いきなり始めるのです。

実は〈ロールプレイ・ディスカッション〉の主たる〈目的〉は、〈シェアリング〉において生徒たちから生活実感の伴った本音を引き出すことにあります。「そんな同じことばっかり言ってたって、お母さんイライラさせるだけだよぉ」とか、「そうやって上目遣いにすり寄ってお父さんをだましてるんだろ。うまいよなあ」とか、こうした罪のない会話が展開されるのです。

〈マイクロ・ディベート〉の〈シェアリング〉のように、公の場を想定した、かしこまった〈論理〉を追求する〈シェアリング〉も必要ですが、コミュニケーションには〈論理〉だけでなく、いかに〈情〉を喚起するかという視点も必要です。〈ロールプレイ・ディスカッション〉の初期指導では主にその〈情〉を喚起するのです。

ロールプレイ・ディスカッションステップ 3

〈観察者〉を設定する

二人一組（男女）が終わったら、次は四人一組（男女二人ずつ）での〈ロールプレイ・ディスカッション〉です。各々の生徒が、男子生徒であれば母親二人と父親一人に対して、女子生徒であれば母親一人と父親二人に対して、何かを買ってほしいとねだることになります。

二人は〈ロールプレイ〉を、残りの二人は〈観察者〉としてその〈ロールプレイ〉を観察・評価します。〈シェアリング〉では〈観察者〉の二人がどうすればもっと説得力を増すことができたかという話をしたあと、四人で生徒なりの交渉術を考えていきます。

四人一組になると、親子の役割交代もありますから全部で12ゲーム行うことになります。さすがにすべてがスマホでは飽きますから、ねだるものをテレビゲームに変えてみたり、流行の洋服に変えてみたり、或いは「今日、万引きで補導されたことを告白する」とか「今日、学校でガラスを割ってしまって、弁償しなければならないことを告白する」といったようなネタを入れていきます。これもその場でいきなり提示するのがミソです。

ロールプレイ・ディスカッションステップ

4

目的的に〈スキル〉を身につけさせる

〈役割演技者〉〈観察者〉を含めて本音ベースでの〈シェアリング〉に慣れてきたら、いよいよ目的的な〈ロールプレイ・ディスカッション〉に入っていきます。例えば、聞き方の〈ロールプレイ〉をさせて〈傾聴態度〉を身につけさせようとか、聞き方に応じた〈話し方のスキル〉を考えさせようとか、生徒たちの実態、学級の実態にあわせて〈コミュニケーション・スキル〉を身につけさせるわけです。

こうしたスキル訓練型の授業は単なる繰り返し学習になりがちな傾向がありますが、〈ロールプレイ・ディスカッション〉を用いると、生徒たちは楽しく、しかもお互いに学び合いながら活動することができます。

これまでの〈親子交渉〉でいきなり課題を与えたのと同じように、〈役割カード〉等を用いて即座に演技するという、ある種の〈ゲーム性〉を施しながら展開していきます。音声コミュニケーションは〈即時性〉が命ですから。

ロールプレイ・ディスカッションステップ
5

〈定番授業〉をもつ

〈コミュニケーション・スキル〉の育成を目的とした〈ロールプレイ・ディスカッション〉では、少なくとも〈聞き方〉〈話し方〉〈話し合い方〉の三点について、「いつでもどこでも気軽にやれる」というような〈定番授業〉をもってしまうことをお勧めします。

ここでは、〈傾聴〉について考えさせることを目的として、私が既に10年以上にわたって実践している授業をご紹介しましょう。

まず学級を三人グループに分けます。〈マイクロ・ディベート〉と同じように、Aさん、Bさん、Cさんと指名していくわけですね。この三人を次のように〈役割演技〉させます。

【1回目】　Aさん　…　話し手　　Bさん　…　聞き手　　Cさん　…　観察者
【2回目】　Aさん　…　観察者　　Bさん　…　話し手　　Cさん　…　聞き手
【3回目】　Aさん　…　聞き手　　Bさん　…　観察者　　Cさん　…　話し手

聞き手にあたった生徒は左の4枚の〈**役割カード**〉（**図4**）から一枚を引き、即興で聞き方の演

聞き手の役割指令A

興味のなさそうな聞き方で聞いてください。

例）相手と視線を合わせない　横を向く　眠そうにあくびをする　etc

聞き手の役割指令B

かかわり合う聞き方で聞いてください。

例）何度も頷《うなず》く　いろいろ質問する　笑顔で聞く　身を乗り出す　etc

聞き手の役割指令C

えらそうな聞き方で聞いてください。

例）足や腕を組む　一方的な意見を言う　途中でさえぎる　etc

聞き手の役割指令D

最初はかかわり合う聞き方で，途中から突然興味なさそうに聞いてください。

例）突然視線をそらす　急につまらなそうにする　etc

図4

技をすることになります。話し手は聞き手にどんな聞き方をされたとしても、1分間話し続けることをルールとします。観察者は聞き手の演技と話し手の気持ちを想像しながら観察します。1分間の〈ロールプレイ〉が終わると、3分間ほどの〈シェアリング〉です。聞き手の〈役割カード〉を三人で見合い、聞き手は役割演技をしてみてどう感じたか、話し手がどんな気持ちでしゃべっていたか、観察者に二人のやりとりがどう見えたか、といったことを交流します。その後は**ワークシート6**に感想を書いて1セットが終了します。これを3回繰り返すわけです。

この授業は学活としてはもちろんですが、道徳としても国語としてもできる、応用範囲の広い授業です。

【原実践】『ピア・サポートで始める学校づくり　中学校編』滝充編著・金子書房・一三三頁

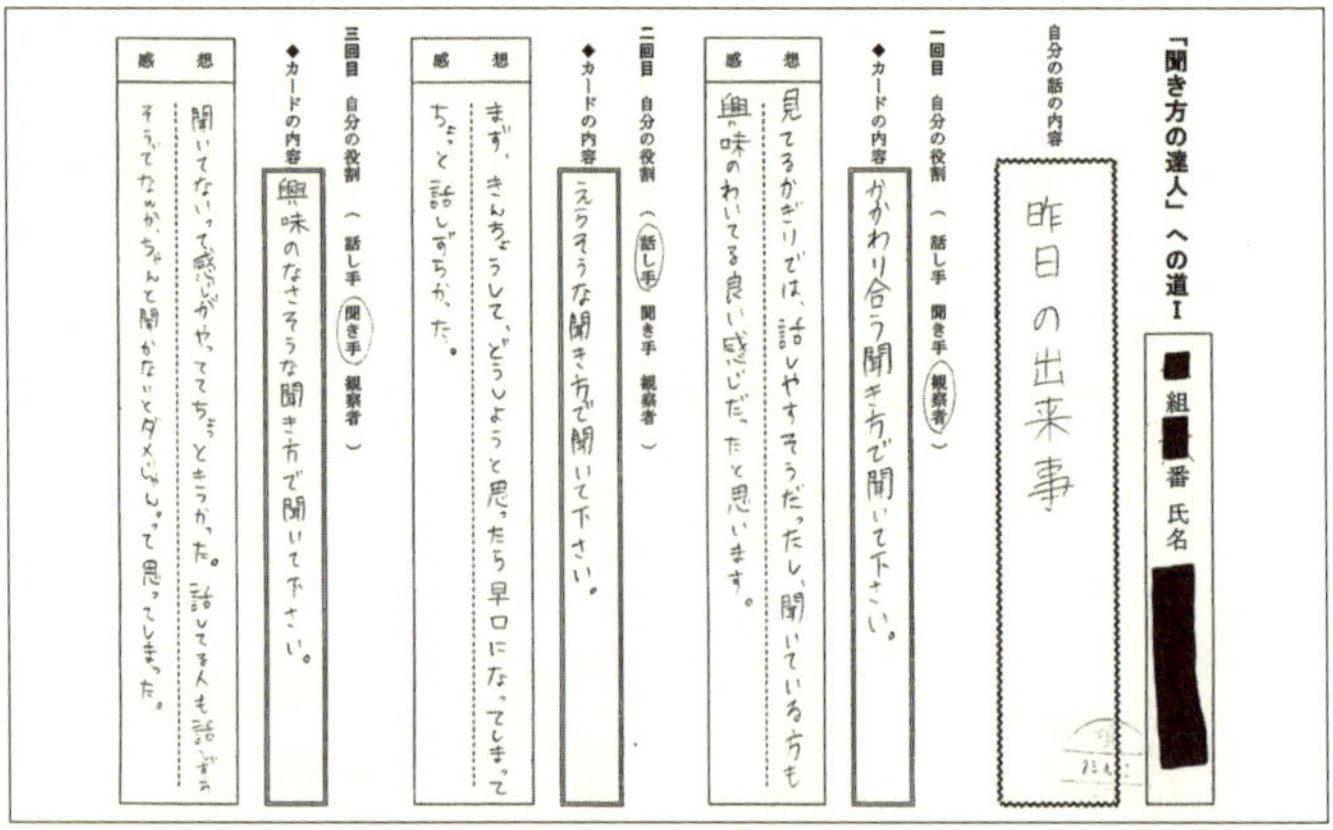

「聞き方の達人」への道Ⅰ

[redacted]組[redacted]番　氏名[redacted]

自分の話の内容

昨日の出来事

一回目　自分の役割　（　話し手　聞き手　観察者　）

◆カードの内容

かかわり合う聞き方で聞いて下さい。

感想

見てるかぎりでは、話しやすそうだったし、聞いている方も興味のわいてる良い感じだったと思います。

二回目　自分の役割　（　話し手　聞き手　観察者　）

◆カードの内容

えらそうな聞き方で聞いて下さい。

感想

まず、きんちょうして、どうしようと思ったら早口になってしまってちょっと話しずらかった。

三回目　自分の役割　（　話し手　聞き手　観察者　）

◆カードの内容

興味のなさそうな聞き方で聞いて下さい。

感想

聞いてないって感じがやっててちょっときつかった。話してる人も話ずらそうでなんか、ちゃんと聞かないとダメじゃん。って思ってしまった。

ワークシート6

ロールプレイ・ディスカッションステップ

6

〈追試実践〉を発展させる

〈ロールプレイ・ディスカッション〉の題材は、「エンカウンター」「ピアサポート」「ソーシャル・スキル・トレーニング」「コミュニケーション・ゲーム」などと冠した書籍に数限りなくあるものです。自分の目の前にいる生徒たちの実態にあわせて、こうした書籍から気に入ったものをどんどん〈追試する〉ことをお勧めします。ただし、私の周りの若い教師たちを見ていて気になることが一つあります。ただやみくもに〈追試実践〉を重ねていて、一つひとつの授業の関連性がなくバラバラになってしまっている例が少なくないのです。すべての〈追試実践〉は常に「どう発展させるか」という視点で見なければなりません。この視点が力量形成の核なのです。

例えば、ステップ５で紹介した私の定番授業も〈追試実践〉ですが、この授業は四人一組で〈観察者〉を二人設け、聞き手の役割に応じて話し手がどう対応するかという〈話し方スキル〉を視野に入れた授業にも発展しています。また、〈役割カード〉を「５歳の男の子」や「耳の遠いおばあさん」などに変更して、〈話し方スキル〉に重点を移した授業にも発展させています。

ロールプレイ・ディスカッションステップ 7

〈日常の問題〉を取り上げる

〈ロールプレイ・ディスカッション〉における教材開発は、まず生徒たちの日常の学校生活に目を向けます。学校生活を教材開発の視点で眺めてみると、ネタは意外とあちこちに転がっていることに気づきます。例えば、中体連の地区大会が終わり、県大会進出を決めた部活が優先されて体育館割り当てがなされるという一週間があります。こういう学校にとってはあたりまえで、ほとんど意識されておらず、それでいて担当の先生は苦労している、というような事例です。

そこで、これを教材化します。例えば私の実践では、男子バスケット部、女子バレー部、バドミントン部、演劇部が県大会への出場を果たしたとします。①男バスと女バレは体育館半面でもいいから毎日練習がしたい、②バド部は窓を開けられないのでできれば全面が良いが他の部活が暑さを我慢してくれるのであれば半面でも構わない、③演劇部は体育館内に音がしたのでは練習にならない、回数は少なくても良いから全面でなければ意味がない、といった主張をする四人の部長に扮してなんとか一週間分の体育館割り当てを四人で相談してつくろう、という設定です。

ロールプレイ・ディスカッションステップ

8

〈時事問題〉を取り上げる

〈ロールプレイ・ディスカッション〉は、〈マイクロ・ディベート〉ほど固定的でない、人間の〈情〉に基づいた交流をするのに適しています。そのため、社会的な事象においてそれぞれの立場にいる人たちがどのような心情を抱くのか、更にその立場による違いがどんなトラブルを生じさせるのか、といったことを想像させることに長けた方法といえます。

私の最近の実践では、主に道徳の授業として、いじめ自殺問題を取り上げたり、クレーマーと呼ばれる保護者を教師が提訴したという問題を取り上げたりしました（執筆時は二〇一一年秋です）。前者は、いじめ自殺した生徒の保護者、加害生徒と目された生徒の保護者、傍観者とされた生徒の保護者、担任教師という四者で行いました。後者の場合には、当事者の教師、当事者の保護者、当事者の子ども、学校長という四者で行いました。いじめ自殺事例はさまざまな書籍のエピソードをミックスして、クレーマー保護者提訴の事例は新聞報道を教材にしています。どちらも〈シェアリング〉において、どのような立場や視点の違いがあるのかを中心に議論しました。

ロールプレイ・ディスカッションステップ

9

〈バリエーション〉をつくる

これまで人数と〈シェアリング〉機能の関係では、①二人一組で〈ロールプレイ〉を行い、本音ベースの〈シェアリング〉をする方法、②四人一組で二人が〈ロールプレイ〉を行い、二人が〈観察者〉となって〈シェアリング〉を充実させる方法、③三人一組で二人が〈ロールプレイ〉を行い、一人が〈観察者〉となって〈シェアリング〉を充実させる方法、④四人一組で〈ロールプレイ〉を行い、〈シェアリング〉によってそれぞれの立場の違いを話し合う方法、という四つのパターンを提示してきました。

また、学習活動の仕掛けとしては、①ただ単に〈ロールプレイ〉を楽しみ慣れることを目的とした活動、②〈役割カード〉を用いて仕掛けをつくっている活動、③最初から想定される立場を〈役割〉として〈演じる〉ことを求められる活動、と三つのパターンを提示してきました。

教材開発や授業開発においては、いわゆる「ネタ」のレベルではなく、こうした「機能性」や仕掛けの「構造性」のレベルで捉える必要があります。このレベルで捉えるからこそ、それらの組み合わせによって〈バリエーション〉も広がっていくのです。

先に、若い教師たちが〈追試実践〉を一つひとつの授業の関連性を意識せずに行うことを批判しましたが、教材を開発するとか授業を立案するということは、決して「ネタ」を開発することと同義ではないのです。あくまで、「機能性」と「構造性」とを意識した上で〈構想される授業〉こそが、発展性のある授業であり学習活動なのだと心得てもらいたいのです。

ロールプレイ・ディスカッションステップ

10

〈汎用性〉を高める

〈ロールプレイ・ディスカッション〉に限ったことではありませんが、授業を開発したらその〈汎用性〉を高めることが大切です。例えば、〈役割カード〉によって様々な聞き方をしている聞き手に対して、話し手がどのように話すかという授業であれば、聞き手に「話し手がいやがるだろうなあという聞き方を自分で考えて工夫して下さい」という指示に変える。或いは、〈親子交渉〉であれば、ごくごく簡略化して〈アイス・ブレイキング〉のネタとして機能させてしまう。このように、常に別の使い方はないかと考えることが日常の授業を充実させるのです。

……ブレイン・ストーミング
10のステップ

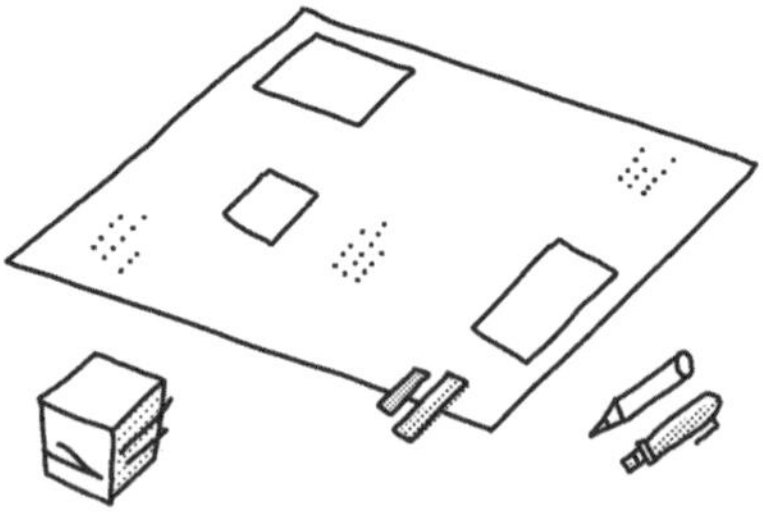

【目的】

①突飛なアイディアや粗野なアイディアも認めながら、集団で自由にアイディアを出し合うことによって、生徒たちの発想を広げる。

②他の人のアイディアに触発されたり、複数のアイディアを融合させたりすることによって、アイディアを考えるための枠組みの広さを実感する。

③〈KJ法〉を用いた情報整理を体験することにより、アイディアの絞り込み方や優先順位の付け方を学ぶ。

④実際に〈アクション・プラン〉をつくってみることで、アイディアの実現可能性を考える上でどのような観点が必要なのかを考える。

【準備】

①模造紙

②付箋紙（76×127ミリ）

10 steps

①〈フレーム〉をかためる
②〈イメージの共有化〉を図る
③〈付箋紙〉を活用する
④〈いかなるアイディア〉も否定しない
⑤〈質〉より〈量〉を奨励する
⑥六周目からは〈融合型アイディア〉を奨励する
⑦他グループと〈交流〉させる
⑧〈ＫＪ法〉で〈優先順位〉をつける
⑨〈アクション・プラン〉をつくる
⑩〈他グループのアイディア〉を引き継がせる

③マジック（各グループに１セット）

【典型的な流れ】

①ブレイン・ストーミング意義の理解
②設定の提示
③アイディア出しの個人作業（一人三つ程度）
④ブレイン・ストーミング（グループ間交流を含む）
⑤ＫＪ法による優先順位の決定
⑥グループ・ディスカッションによる検討
⑦アクション・プランの作成

【留意点】

学活でも道徳でも教科の授業でも、年度当初から短い時間で何度も体験させるとより効果が高い。

【使用上の注意】

いかなるアイディアも否定せず、質よりも量を求めるということを徹底する必要がある。

ブレイン・ストーミングステップ

1 〈フレーム〉をかためる

第1章でも述べましたが、〈ブレイン・ストーミング〉は生徒たちの発想を広げ、アイディアのブレイクスルーを期待するアイテムです。しかし、現実問題として、発想を〈広げる〉だけの学習活動というものはあり得ません。発想を広げ、様々なアイディアをリストアップしたあとは、必ずそれらの中から幾つかのアイディアに絞ったり優先順位をつけたりして、現実的な〈アクション・プラン〉をつくることになります。その意味で、生徒たちに見通しをもって活動してもらうためには、最初に〈フレーム〉を提示して〈全体像〉を示しておくことが必要になります。

例えば、①〈ブレイン・ストーミング〉は何分間で行うのか、②そこで出たアイディアはどのように処理されるのか、③最終的には何人の、幾つのグループによってアイディアの検討が行われるのか、④実際に採用されるアイディアは幾つくらいなのか、⑤全体としてどのくらいの時間でそこまで到達することが求められているのか、こうしたことを〈インストラクション〉の一環として提示しておくことが大切です。

ブレイン・ストーミングステップ 2

〈イメージの共有化〉を図る

ある研究会の模擬授業において、「○○工業の新製品を開発します。まずは三つ自分で考えてみて三枚の付箋に一つずつ書いて下さい。」という指示から始まるものを見たことがあります。参加者は各々の経験に従って、新しい工業製品のアイディアを付箋紙に書き始めました。

しかし、個人作業の時間が終わり、いよいよグループで一つひとつ発表し合うという段になって、参加者はグループの人たちの発想があまりにもバラバラであることに戸惑い始めました。結局、アイディアを出し合った後、工業製品とは何なのか、工業製品の新しさとは何なのかといった前提の議論が始まりました。そこに予定されていた時間の大半が費やされてしまったのです。

いくら〈ブレイン・ストーミング〉が発想を広げることを旨としているとは言え、すべてが自由というのは少々乱暴です。そこには前提としてイメージの共有が必要なのです。例えば、やかんの実物を見せ、「我が社のこのやかんを改良して新製品をつくりたい。何かアイディアを出してほしい」と指示すればイメージが共有化され混乱もなくなります。

ブレイン・ストーミングステップ 3

〈付箋紙〉を活用する

〈ブレイン・ストーミング〉は、集団でアイディアを出し合うためのアイテムです。つまり、〈拡散〉のアイテムといえます。しかし、アイディアは出しっぱなしではいけません。必ず絞り込んだり優先順位をつけたり、つまり、〈収束〉の段階がやってきます。

こうした後の作業において、生徒たちが挙げた一つひとつのアイディアを「動かせる」ということは、〈収束〉段階で機能的に作用します。これが模造紙や白紙プリントに箇条書きしたり、〈ウェッビング〉や〈イメージ・マップ〉になっていたのでは、〈収束〉段階で再び使い勝手の良いように書き直す作業が加わってしまいます。要するに二度手間になるわけです。

そこで、〈付箋紙〉です。アイディアは一つにつき一枚の〈付箋紙〉に書く。それもマジックで書けるように少し大きめの〈付箋紙〉を使います。私がよく使っているのは、76×127ミリのものです。これを模造紙に貼っていく形で一人ひとりが発表していくわけです。分類するのにも、優先順位をつけて並べ替えるのにも非常に便利です。

ブレイン・ストーミングステップ 4

〈いかなるアイディア〉も否定しない

〈ブレイン・ストーミング〉において最も大切なのは、どんな小さな工夫でも否定されないこと、どんな馬鹿げたアイディアでも否定されないこと、どんな現実性のないアイディアでも否定されないこと、要するに〈いかなるアイディア〉も否定されないことです。

これが徹底されないと、たくさんのアイディアが出てきません。〈ブレイン・ストーミング〉に参加する生徒たちがアイディアを出すことに臆してしまうからです。一般的に、学校行事に向けて学級でアイディアを出し合うときに、最もマイナスとなるのは「どうせオレの案なんて採用されるわけがない」とか「こんなアイディアはくだらないと一蹴されるのではないか」といった気持ちが生徒たちの中に湧くことです。これを払拭しようとして行われるのが〈ブレイン・ストーミング〉であるというのに、生徒たちにこの「〈いかなるアイディア〉も否定しない」が徹底していないようでは機能しません。

〈いかなるアイディア〉も肯定的に受け止める……この確認が何より重要なのです。

ブレイン・ストーミングステップ 5

〈質〉より〈量〉を奨励する

〈ブレイン・ストーミング〉は、突飛なアイディアや粗野なアイディアも認めながら集団でアイディアを出し合い、他の人のアイディアを参考にしたり触発されたりしながら、最終的にはアイディアのブレイクスルーを期待する、〈拡散〉的な交流活動です。要するに、この段階で求められるアイディアは、まずは何と言っても〈質〉より〈量〉なのです。

アイディアを出し合う上で〈質〉ではなく〈量〉を求めようとするとき、〈ブレイン・ストーミング〉には何よりスピード感が大切になります。例えば、一人15秒以内に必ずアイディアを一つ出すとか、慣れてくると10秒以内に出すとかいった縛りをかけ、ゲーム感覚で行うことが適しています。「うーん……」となりながら、時間が迫ってきて苦し紛れにテキトーに言ったことが意外とおもしろいアイディアだったり、その場ではくだらないと思われたものが後に何かと組み合わせてみると良いアイディアになったりといったことはよくあることです。

とにかく〈質〉より〈量〉。いくら強調しても強調しすぎるということのない基本原則です。

ブレイン・ストーミングステップ 6

六周目からは〈融合型アイディア〉を奨励する

私の場合、〈ブレイン・ストーミング〉をするときには、お題を提示したら一人三枚ずつ付箋紙にアイディアを書くことを指示します。そして、グループで一人一つずつ発表していきます。つまり三周は既に書いた付箋紙を提示するだけで済むわけです。その後、四～五周目は他の人たちのアイディアを聞きながら、その場で新しく思いついたことを付箋紙に書いて発表すること、と指示します。これでほとんどの生徒たちは、たとえ〈ブレイン・ストーミング〉が初めてだったとしても、そこで何が行われようとしているのか、その雰囲気をつかんでしまいます。

ほとんどのグループが五周を終えたなというあたりで、一度、各グループの〈ブレイン・ストーミング〉を一斉に止めます。そこで、次のように言います。

「ここからは、これまでに出たアイディアをもじったり、これまでに出た複数のアイディアを融合したりということを、意識的にやってみて下さい。きっとおもしろいものが生まれるはずですよ。スタート！」

ブレイン・ストーミングステップ 7

他グループと〈交流〉させる

〈ブレイン・ストーミング〉では、何周もしているうちに生徒たちもネタが尽きてくるものです。テーマにもよりますが、十周目から十二周目くらいになると、頭を抱える姿が散見されるようになります。こうしたとき、他グループと〈交流〉させる必要が出てきます。要するに、他のグループで出ているアイディアを触媒として機能させ、再び思考を活性化させるわけです。

二つのやり方があります。一つは、生徒たちの様子を見て、なかなかアイディアが出なくなってきているなと感じたら、一斉に〈ブレイン・ストーミング〉を止めて、「3分間だけ時間をあげるから、立ち歩いて他のグループの模造紙を見て回りなさい。」と言って、一斉立ち歩きをさせます。この際、一人に三枚ずつ付箋紙をもたせて、「何かひらめいたらアイディアを書きなさい。」と指示します。もう一つは、グループの入れ替えです。八人グループなら、すべてのグループを四人ずつ入れ替えてしまってグループを再構成します。場合によっては〈ワールド・カフェ〉のように、再構成したあと、もう一度もとのグループに戻るという方法もあります。

ブレイン・ストーミングステップ 8

〈KJ法〉で〈優先順位〉をつける

〈ブレイン・ストーミング〉でアイディアを出したら、多くの場合、幾つかのアイディアに絞り込んだり、〈優先順位〉をつけたりといった作業へと進んでいきます。そのためには、一般に〈KJ法〉と呼ばれる情報整理法を用います。

まず、①出されたアイディアをグループ全員で確認し、アイディアの全体像を確認します。次に、②似たようなもの、同じような発想のアイディア、共通点の多いアイディアなどをいくつかに分類していきます。その際、③できあがった一つひとつのまとまりに簡単なタイトルをつけていきます。④ただし、すべてのアイディアをどこかの分類に入れなければならないという固定観念をもってはいけません。まとめられないものは一つのアイディアとしてそのまま残しておいても構わないのです。⑤また、分類している途中に新たなアイディアが出てきた場合には、それも付箋紙に書いて新たなアイディアとして加えます。⑥分類されたそれぞれのまとまりごとに実現性を検討したり、構造化してまとめたりして〈優先順位〉をつけていくことになります。

ブレイン・ストーミングステップ

9

〈アクション・プラン〉をつくる

〈ブレイン・ストーミング〉でアイディアを出し、〈KJ法〉による分類が終わったら、〈アクション・プラン〉をつくります。例えば、文化祭の催し物であれば、〈ブレイン・ストーミング〉でアイディアを出し、〈KJ法〉でアイディアを分類したので、いよいよ何をどのように実現しようかという〈アクション・プラン〉をつくる段階に入るということです。

私の場合は次のように行います。まず、学級を八〜十人の四つのグループに分けます。四つのグループが独自の企画を立てて、その組み合わせで催し物とするわけですね。それぞれのグループで〈ブレイン・ストーミング〉〈KJ法〉と進み、〈優先順位〉をつけたあと、八〜十人のグループを更に二つに分けて四〜五人のグループにして、具体的な〈アクション・プラン〉を立てさせます。議論は具体的になればなるほど大人数で話し合うのが難しくなるからです。

学級全体で一つのことを行う場合には、各グループのアイディアを全体で共有化した後、〈OST〉で〈アクション・プラン〉をつくっていくという方法もあります。

ブレイン・ストーミングステップ

10

〈他グループのアイディア〉を引き継がせる

授業において〈ブレイン・ストーミング〉を用いるという場合には、〈他のグループのアイディア〉を引き継がせると、活性化した面白い議論が巻き起こります。例えば、ステップ2で紹介した「やかんの新製品」だとすれば、まず八人程度のグループ四つから五つが、〈ブレイン・ストーミング〉でやかんの改良アイディアを出し合い、〈KJ法〉を用いて新製品を開発します。この議論は企画開発会議の〈ロールプレイ・ディスカッション〉になっているわけですね。

その後、営業部がどのように広報・宣伝していくかというふうに展開していくわけですが、このときにグループ替えをしてしまうわけです。まず、A班はB班に対して、いかに自分たちの開発したやかんがすばらしいかということを〈プレゼンテーション〉します。それを受けて、B班がそのやかんをヒット商品にするための営業戦略を〈ブレイン・ストーミング〉していきます。開発新製品を各グループでくるりと一つずつずらしていくわけです。自分たちのつくったものに対して営業戦略を考えるよりも現実的なアイディアが出て盛り上がります。

ワールド・カフェ

10のステップ

【目的】

①他者と対話することによって新しい世界観が生まれることを実感する。

②グループを一度解体して他のグループと情報交換し、同一集団の発想をブレイクスルーする体験を踏むことによって、広い情報収集の必要性を実感する。

③それぞれの意見を肯定的に受け止めながら、小集団で交流することによって、話し合いにおける雰囲気の重要性について知る。

④ハーベストによる情報の共有化によって、同一テーマに対するものの見方・考え方の多様性について理解する。

【準備】

①模造紙

②場合によっては付箋紙（76×127ミリ）

③マジック（各グループに1セット）
④養生テープ（机に模造紙を留めるため）

【典型的な流れ】
①問いの提示
②個人の意見のメモ
③問題点の洗い出し（ラウンド1）
④問題点の抽象化（ラウンド2）
⑤問題点を踏まえた提案（ラウンド3）
⑥ハーベスト

【留意点】

〈ワールド・カフェ〉を勧めるファシリテーターを特に〈カフェ・ホスト〉と呼ぶことが多い。


【使用上の注意】

その時、その場に集まった四人だからこその気楽な交流を求める手法であるということを強調したい。

10 steps

①〈拡散〉から〈収束〉へを意識する
②〈当事者意識〉と〈能力差解消〉を両立させる
③〈カフェ・エチケット〉を徹底する
④〈ワールド・カフェ〉を準備する
⑤〈ラウンド前〉に意見をもたせる
⑥〈ラウンド1〉で問題点を洗い出させる
⑦〈ラウンド2〉で問題点を抽象化させる
⑧〈ラウンド3〉で問題点を踏まえて提案させる
⑨〈ラウンド〉の終了はやわらかに告げる
⑩〈ハーベスト〉で互いの成果を共有化させる

ワールド・カフェ
ステップ
1

〈拡散〉から〈収束〉へを意識する

〈ワールド・カフェ〉は、これまで述べてきたような〈拡散思考〉と〈収束思考〉をともに成立させることをねらった、四人グループを基本単位とするダイナミックな交流活動です。授業時間一時間で行うことも不可能ではありませんが、基本的には二時間連続の「学級活動」や「総合的な学習の時間」をセットして、本格的に取り組ませることがよいでしょう。

〈ワールド・カフェ〉は次の四つの段階で構成されます。

①ラウンド1　…　ある課題について〈拡散〉的に思考し交流する。
②ラウンド2　…　グループを入れ替えて〈拡散〉した思考を整理する。
③ラウンド3　…　もとのグループに戻り、〈収束〉を目指して交流することにより、なんらかの〈提案〉をつくる。
④ハーベスト　…　各グループの〈提案〉を学級全体で共有化する。

この四つの段階がそれぞれ20分ずつ、合計80分というのが〈ワールド・カフェ〉の理想です。

ワールド・カフェ
ステップ
2

〈当事者意識〉と〈能力差解消〉を両立させる

〈ワールド・カフェ〉は、参加者全員がフラットな関係で発言できるようなテーマでないと機能しづらいという面をもっています。従って、第1章でも述べましたが、例えば「恋愛」や「友情」、或いは「より良い家庭学習法」といった生活経験の差、能力的な差の顕在化するようなテーマは避けたほうがよいでしょう。

〈ワールド・カフェ〉を行う場合のテーマには二つの条件があります。第一に参加者全員が〈当事者意識〉をもって臨むことができるようなテーマであること、第二に参加する生徒たちの〈能力差〉や〈生活経験の差〉が顕在化しないようなテーマであり、個々に違いがあるのが当然であるとだれもが認めるようなテーマであることの二つです。この二つが両立したテーマの場合には、〈ワールド・カフェ〉はいかなる交流活動よりも機能します。生徒たちの中に楽しく、充実した交流が行われます。例えば、「この学級をもっと良くするためには」とか「人間関係を良くするには」とか「コミュニケーション能力を高めるには」といったテーマが適しています。

ワールド・カフェ ステップ 3

〈カフェ・エチケット〉を徹底する

〈ワールド・カフェ〉を行うにあたって、生徒たちに守らせるべき指針を俗に〈カフェ・エチケット〉と呼びます。具体的には以下の六つです。

①テーマ（問い）に集中して話しましょう。

②一人で長く話し続けることは避けましょう。目処として、一人が一度にしゃべってよいのは1分くらいが限度だと心得ましょう。そのかわり、時間内に何度話しても構いません。

③大声で話して他の人が引いてしまうようなことは避けましょう。

④他の人の意見を否定したり馬鹿にしてはいけません。基本的に他の人の話を肯定的に聞くことを原則とします。

⑤模造紙にはテーマにかかわることでさえあれば、何を書いても構いません。基本的にテーマについての交流に役立つなあと思ったら、なんでも書いておくことにしましょう。

⑥できるだけ模造紙の真ん中から書き始めるようにしましょう。

ワールド・カフェ
ステップ
4

〈ワールド・カフェ〉を準備する

〈ワールド・カフェ〉は多くの参加者が一度に密度の濃い交流をしたいときに用いるアイテムです。原則として十六人未満の集団では機能しづらいという特質があります。十六人というのは四人グループが四つという人数です。一般的にはこれを最低人数と考えるのがよいでしょう。中には三人×三グループの九人が最低人数であると言う人もいますが、私は十六人だと思います。

さて、〈ワールド・カフェ〉を行うために、まず四人分の机を向かい合わせたアイランド型の机の配置をつくります。例えば、三十六人学級であれば、四人のグループが九つできるわけです。

教室用の机を四つ向かい合わせますと、ちょうど模造紙を置くのにぴったりの大きさになります。必然的に模造紙はグループの数だけ必要になります。どのようにでも活用できるように、76×127ミリの付箋紙を用意しておくと便利でもあります。

あとは8色程度のマジックを1セットずつ各グループに用意しておく必要があります。模造紙に書きながら交流を深めていくことが交流促進のキーポイントになるからです。

ワールド・カフェステップ

5 〈ラウンド前〉に意見をもたせる

〈ワールド・カフェ〉はまずテーマの提示、問いの提示から始まります。大人相手の〈ワールド・カフェ〉であれば、テーマを提示してすぐに「はいどうぞ」と〈ラウンド1〉に入るのが一般的なのですが、私の場合、生徒相手の場合には、まずテーマや問いに対する意見やアイディアを、一人三つ程度書かせてから〈ラウンド1〉に入ることにしています。

大人であれば、いきなり〈ラウンド1〉に入ってもだれかが思いつきをしゃべり始め、他の人たちがそれに関連することをしゃべり始め……というふうに自然に交流が始まります。しかし、生徒たちの中にはどうしてもなかなか自分から話を始められないという生徒がいるものです。そういう生徒であっても最初の段階で「話す内容」をもっている状態をつくってあげるわけです。

生徒たちの交流活動を促進しようという場合、まず最初に気をつけなければならないことは、全員に「話すべき内容」をもたせることです。人間は自分の意見があるからこそ、他の人はどう考えているのかとか、自分の意見は浅いのか深いのかとか、自分の意見は一般的なのか特殊なのかとかいうことに興味を抱くのです。ただ「自由に意見を言ってごらん」と言われて最初からしゃべれる生徒というのは、私の経験上2割から3割くらいしかいません。

私の場合、例えば、次のように言うようにしています。

「今日は『学校って何だろう』ってことを考えることにします。自分の経験からいって、もしも学校がなかったとしたらこんなことが困るなあということはどんなことでしょうか。まずは周りと相談せずに、付箋に三つ書いてみて下さい。一枚の付箋に一つずつ書きます。だから、三枚書くことになりますよ。時間は3分間です。何か質問はありますか？　では、スタート！」

ワールド・カフェ
ステップ
6

〈ラウンド1〉で問題点を洗い出させる

3分程度の時間をとって生徒個々がテーマへの意見をメモしたら、いよいよ〈ラウンド1〉に入ります。私の場合、例えば、次のように言うようにしています。

「では、これからいよいよ〈ラウンド1〉に入ります。テーマは『もしも学校がなかったとしたら、私たちはどんなことに困るでしょうか』です。いま、みんなが三つずつメモしましたから、まずはそれをお互いに紹介し合うことから始めます。一人一つずつ考えたことを発表していきます。要するに四人が三つずつ発表し終わるまでに三周するわけですね。〈カフェ・エチケット〉でも言いましたが、他人の意見を批判したり否定したりするのではなく、『ああ、あるある』とか『なるほどね。それって、私のこれと近いんじゃない?』とか、基本的に肯定的に交流するようにして下さい。」

時間の目処については次のように言うことが多いです。

「時間は20分を予定しています。でも、20分でバッッ! と切るのではなく、皆さんの様子を見ながら、多少縮めたり延ばしたりということもあり得ますから、あまり時間を気にしすぎないようにしてくださいね。だいたい終わってほしいなぁというふうに思ったら、先生が黙って手を挙げますから、それに気づいた人は自分も『気づいたよ』という意味で手を挙げて、すうーっと話をやめてください。みんなが終わりだって気づいて、全員の手が上がってすべての話がおさまった時点で、次に進むことにします。何か質問はありますか? では、スタート!」

さて、私はいま、〈ラウンド1〉のテーマ(問い)の例として「もしも学校がなかったとしたら、私たちはどんなことに困るでしょうか」を挙げました。「学校の良いところといったら何でしょう」とか「学校ってどんなところですか」といった問いではいけないのです。

〈ラウンド1〉の交流は主に、そこに集まっている四人が実感的に捉えている、具体的な問題点をリストアップさせることが目的になります。しかも否定的な問題ではなく、「ああ、こういう良いところがあるよなあ」という思考につながるような、ポジティヴな問題点を出させるのが目的です。ですから、「良いところはどこですか」とか「どんなところですか」とか、ましてや「一番良いところはどこですか」などといった、抽象的な思考を促す問いは避けなければなりません。ですから、〈ラウンド1〉の問いは〈ワールド・カフェ〉全体の成否を決めてしまうくらいに大切な問いになります。

〈ワールド・カフェ〉の問いは、①「そこに集まっている四人」が②「実感的に捉えている」③「具体的な問題点」という三つの要素が必要です。もしもただ学校の一般的な機能をリストアップしたいのならば、実は〈ブレイン・ストーミング〉のほうが効果的なのです。しかし、〈ワールド・カフェ〉はたまたまこの場に集まった四人が、この四人だからこそできる交流を目指すアイテムです。しかも、いま集まったからこそできる交流さえ目指します。つまり、たとえ同じメンバーでも一週間後ならまた別の交流が展開されるだろう……という〈ピンポイントの達成〉を目指すのが〈ワールド・カフェ〉なのです。だからこそ、〈ワールド・カフェ〉は他の交流アイテムに比べて機能度が高いのだともいえるでしょう。

ワールド・カフェ
ステップ
7

〈ラウンド2〉で問題点を抽象化させる

〈ラウンド2〉には大きく分けて二つの機能があります。

第一に、〈ラウンド1〉でのグループを解体して交流を進めることによって、広く情報を収集させることです。〈ラウンド2〉は次のように進めます。

「これからグループを解体します。いまいっしょに座っている四人のうち、一人はそのテーブルに残り、あとの三人は別のグループに移動します。いま座っているテーブルに残る一人を〈テーブル・ホスト〉と言います。新しくそのグループにやってくる人たちにこのテーブルでどんな話し合いがもたれたのかを説明してあげる、重要な役割を担います。では、1分間差し上げますので、話し合いで〈テーブル・ホスト〉を決めて下さい。」

まずはこうして、〈テーブル・ホスト〉を決めさせます。じゃんけんやくじで決めさせても別に混乱はないのですが、「話し合いで」とひと言つけると、生徒たちはだれがこれまでの交流をわかりやすく説明するのにふさわしいかと考えます。その交流にちょっとした〈シェアリング〉の機能を期待できるのです。もちろん、何度も〈ワールド・カフェ〉を経験して慣れてくれば、このような配慮も必要なくなっていきます。しかし、初めてやるという場合には「話し合いで」と指示するのがよいでしょう。

「〈テーブル・ホスト〉は決まりましたね。では、これから他の三人に移動していただきます。他の三人はどのテーブルに移動してもよいのですが、必ず三人が別々のテーブルに移動して下さい。新しくできた四人グループの中に、もともといっしょのグループだった人が二人いる、ということは許されません。質問はありますか？　では移動して下さい。」

私は「ステップ4」で〈ワールド・カフェ〉の最低人数が十六人であると主張しました。これは十六人いれば、下図のように、間違いなく、四つの四人グループが〈ラウンド2〉で別々のグループに所属するという体制をつくることができるからなのです。

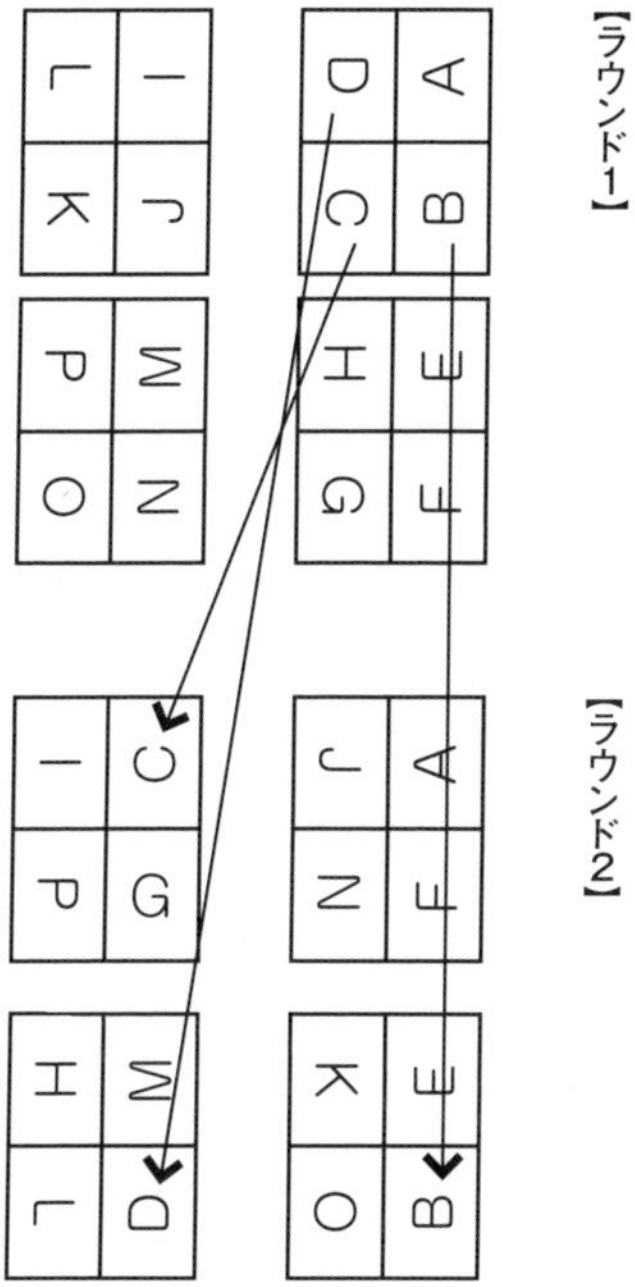

〈ラウンド2〉の二つ目の機能は、〈ラウンド1〉で洗い出した問題点を整理することです。これは〈ラウンド3〉で収束し提案をつくる上で必要な段階です。グループ替えを終えた段階で、次のような指示をします。

「これから〈ラウンド2〉を始めます。テーマは〈ラウンド1〉での交流を踏まえて、『結局、学校の良さって何なのでしょう。幾つかにまとめてみましょう』です。まずは、〈テーブル・ホスト〉がこのテーブルでは〈ラウンド1〉でどんな話し合いが行われたのか、模造紙に書かれたものを使いながら説明してあげて下さい。次に、他の三人が『私のグループではこんな話し合いだったよ』とか『うちのグループではこんなことも出ましたよ』とか、できるだけ観点を広げられるような報告をして下さい。この二つが終わったら、いよいよいま提示した問い『結局、学校の良さって何なのでしょう。幾つかにまとめてみましょう』というテーマについて、四人で話し合いを始めます。模造紙は自分のグループのものだと思って、遠慮せずにどんどん書き足して構いません。何か質問はありますか? では、スタート!」

〈ラウンド2〉の問いは既に〈ラウンド1〉でかなり拡散されたあとなので、〈ラウンド1〉の問いに比べて少しだけ抽象的にして、拡散されリストアップされたものをまとめるような機能を狙います。そうした思考が〈ラウンド3〉の収束へと繋がっていくのです。

ワールド・カフェ
ステップ
8

〈ラウンド3〉で問題点を踏まえて提案させる

〈ラウンド2〉が終了し、もとのグループに戻ったら、いよいよ〈ラウンド3〉です。

私の場合、〈ラウンド3〉は原則として、その日、その場に集まった四人だからこそできる〈提案〉をつくるということに主眼を置くようにしています。例えば、次のように指示します。

「いよいよ〈ラウンド3〉です。これまで学校がないとどんなことに困るのか、結局、学校の良さって何なのか、二つのテーマで話し合ってきました。それらを踏まえて、〈ラウンド3〉では、『○○中学校をより良い学校にするための校長先生への三つの提案』というのをつくってみましょう。ただし、どう考えても無理だなとか、あまりにもお金がかかるとか、そういう提案はダメです。一部だけが幸せになる提案もダメです。みんなが幸せになれる、それでいて現実的な、そんな三つの提案をつくってみましょう。〈ラウンド2〉と同じように、最初は〈テーブル・ホスト〉だった人が報告、その後、他のグループに行っていた人たちが報告、そしてそれを踏まえて三つの提案を考えていく、という流れです。」

ワールド・カフェ ステップ 9

〈ラウンド〉の終了はやわらかに告げる

「ステップ6」で〈ラウンド1〉の終了を例にして、〈カフェ・ホスト〉が手を挙げるのでそれに気づいた人から自らも手を挙げて話をやめていく、という手法を提示しました。これは札幌市在住の研修講師岡山洋一先生から学んだ手法ですが、〈ラウンド〉の終了は「はい、時間です。」と切るのではなく、この手法のようにやわらかに告げる配慮が必要です。幾つものグループが同時に話し合いをしているわけですから、そもそも一斉に終わるということ自体に無理があるのです。こういうことは小さなことのようでとても大切な配慮です。

挙手以外に私がよく使うのは、終了の数分前に「あと3分ほどで〜す。そろそろ話のまとめを意識しながら交流して下さいね〜。」と予告しておいて、時間が来たら「は〜い。そろそろ時間で〜す。いましゃべっている人が話し終わったグループから話をやめていって下さ〜い。」と言う手法。「宴もたけなわなんですが、全体の時間もありますのでそろそろゆるやかに終了して下さ〜い。」と言う手法。静かな音楽を流すことを終了の合図とすることもあります。

ワールド・カフェ
ステップ
10

〈ハーベスト〉で互いの成果を共有化させる

〈ハーベスト〉とは「収穫」を意味する英単語ですが、一般に三つの〈ラウンド〉が終了した後、各グループの成果を全体で共有化することを言います。

概ね三つのやり方があります。

一つ目に、各グループが全体に対して自分たちの成果を模造紙をプレゼンツールにして発表する形態。間違いなくすべての成果が共有化されるという利点がある反面、ひとグループ3分ずつの発表でも十グループあれば30分……。時間がかかるというのが難点です。

二つ目に、すべてのグループの模造紙を机上や床に置いて、参加者がそれを見て回るという形態。これは5分程度で終わり時間がかからないという利点がありますが、それぞれのグループの話し合い内容ではなく個々人の解釈でしか共有化されないという難点があります。

三つ目に、机上や床に置いた模造紙を〈ワールド・カフェ〉に取り組んだ四人グループで感想を述べ合いながら見て回る形態。これは10分程度で終わり交流も一応あるという中間形態です。

ギャラリー・トーク
10のステップ

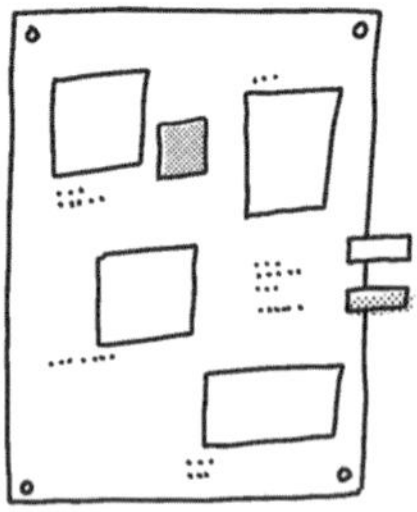

【目的】

①他者と対話することによって新しい世界観が生まれることを実感する。

②グループを一度解体して他のグループと情報交換し、同一集団の発想をブレイクスルーする体験を踏むことによって、広い情報収集の必要性を実感する。

③それぞれの意見を肯定的に受け止めながら、小集団で交流することによって、話し合いにおける雰囲気の重要性について知る。

④ギャラリー・トークとハーベストによる情報の共有化によって、同一テーマに対するものの見方・考え方の多様性を知る。

【準備】

①模造紙

②場合によっては付箋紙（76×127ミリ）

10 steps

①〈ＦＧ〉を対象とする
②〈問題点の抽象化〉に難があるときに用いる
③〈ギャラリー・トーク〉を準備する
④〈ギャラリー・トーク〉で広く情報を収集させる
⑤〈ハーベスト〉はプレゼンで行わせる
⑥すべては〈問い〉で決まる
⑦問題点を洗い出させる〈問い〉をつくる
⑧問題点を抽象化させる〈問い〉をつくる
⑨問題点を踏まえて提案させる〈問い〉をつくる
⑩〈一つの問い〉で最後まで交流させる

③マジック（各グループに１セット）
④養生テープ（机に模造紙を留めるため）
⑤ストップ・ウォッチ

【典型的な流れ】
①問いの提示
②個人の意見のメモ
③問題点の洗い出し（ラウンド１）
④（場合によってはギャラリー・トーク）
⑤問題点の抽象化（ラウンド２）
⑥ギャラリー・トーク
⑦問題点を踏まえた提案（ラウンド３）
⑧ハーベスト

【留意点】【使用上の注意】
〈ワールド・カフェ〉に同じ。

ギャラリー・トーク
ステップ
1

〈FG〉を対象とする

〈ワールド・カフェ〉において、私は〈ハーベスト〉の三つ目の手法として「机上や床に置いた模造紙を〈ワールド・カフェ〉に取り組んだ四人グループで感想を述べ合いながら見て回る形態」を紹介しました（169頁）。実はこれが〈ギャラリー・トーク〉です。

第1章でも述べましたが、〈ギャラリー・トーク〉とはもともと、美術館や博物館などで展示品の前で数人の鑑賞者がああでもないこうでもないと解釈し合い鑑賞し合うことによって、展示品から喚起される美意識を共有化するという鑑賞の手法を指します。

〈教室ファシリテーション〉としての〈ギャラリー・トーク〉は、他グループの〈ファシリテーション・グラフィック〉（話し合いの中で記述された模造紙／以下FG）を見ながら、「ああ、この観点が僕らにはなかったね。言われてみると重要だよね」とか、「ああ、私たちが捨てた提案をこのグループではずいぶん優先順位を高く捉えてますね。このあたりのことを重く見たんでしょうね」などといった会話をすることを指すのです。

ギャラリー・トーク
ステップ

2

〈問題点の抽象化〉に難があるときに用いる

〈ギャラリー・トーク〉の流れは、基本的に〈ワールド・カフェ〉と同じです。というよりも私の言う〈ギャラリー・トーク〉は〈ギャラリー・トーク型ワールド・カフェ〉とでも言うべき〈ワールド・カフェ〉の発展形態に過ぎません。

従って、〈ギャラリー・トーク〉の流れも基本的に〈ワールド・カフェ〉と同じと考えて構いません。ただ、〈ラウンド2〉で問題点を抽象化した後、テーマが難しくてそれだけでは情報量が足りないのではないかというときに、〈ラウンド3〉の前に〈ギャラリー・トーク〉ですべてのFGを見て回るという時間を設けるのです。典型的な活動の流れとしては、①問いの提示、②個人の意見のメモ、③ラウンド1、④ラウンド2、⑤ギャラリー・トーク、⑥ラウンド3、⑦各グループのプレゼンによるハーベストという流れになります。このラウンド2とラウンド3の間にすべてのFGを3分間ずつ見て回り、感想や意見を述べ合うという活動が、ラウンド3を通常の〈ワールド・カフェ〉の数倍も充実させるのです。

ギャラリー・トーク
ステップ

3 〈ギャラリー・トーク〉を準備する

〈ギャラリー・トーク〉の準備も原則として〈ワールド・カフェ〉と同じです。準備するものは①模造紙、②マジック、③付箋紙（76×127ミリ）、④8色マジックセット（グループの数分）になります。ただし、これらに加えて、〈ギャラリー・トーク〉では絶対に必要なものとして⑤養生テープと⑥ストップ・ウォッチがあります。

〈ギャラリー・トーク〉では、各グループが他のグループのFGを順番に見て回るという段階があります。その際、各グループのFGが壁の目の高さに貼ってあるというのが機能的です。従って、FG用の模造紙は最初から壁に貼ってあり、壁の模造紙に書きながら各グループが話し合いをするという形態になっていることが望ましいわけです。そこでかなりの量の養生テープが必要になります。ストップウォッチは時間を計りながら各グループを移動させるために使うものです。〈ギャラリー・トーク〉は全体を一斉に動かしますから、「はい、3分です。次のFGに移って下さい。」と指示するためにストップ・ウォッチが欠かせないのです。

ギャラリー・トークステップ
4

〈ギャラリー・トーク〉で広く情報を収集させる

〈ギャラリー・トーク〉は、模造紙を壁に貼るということを除けば、ラウンド2までは〈ワールド・カフェ〉と同じように進めます。ここでは、ラウンド2の終了時にどのような指示をするのかについて述べていきましょう。

ラウンド2が終了したら、生徒たちはもともとのグループの模造紙の前に集まります。例えば九つのグループがあるとしたら、四人グループが九つ、四方の壁に点在している状態です。

まずは、全グループを隣のグループの模造紙の前に移動させます。

「これから〈ギャラリー・トーク〉を行います。まずは、各グループの皆さんは壁に向かって自分たちの模造紙よりも一つだけ左側の模造紙の前に移動して下さい。」

移動が完了したら、次のように指示します。

「まず、みなさんはその模造紙の感想を述べ合います。じっくり読むというよりも、『ああ、自分たちが考えもしなかった、こんなことが書いてあるよ。なるほど、そんな観点もあるかもね。』とか、『ああ、私たちがそんなに重要じゃないって切り捨てたことがこのグループでは優先順位の一番になってる。どんな理由なんだろう。』とか、そんな感じで、自分たちがこれから考えていくうえで参考になりそうなものを情報収集するわけです。「あっ、この書き方わかりやすい！」なんていう感想の交流も良いですね。それを3分間で行います。3分たったら、先生が『は～い、3分で～す。移動して下さ～い』と言いますから、そうしたら、全グループがまた一つ左の模造紙に移って同じように感想を述べ合います。これを一周するまで、つまり再び自分の模造紙の前に行くまで続けるわけです。全体で九グループありますから、自分の模造紙を除いてこれを8回続けることになるわけですね。一つ3分としても24分かかる計算になります。」

「さて、〈ギャラリー・トーク〉でまわっているうちに、ラウンド2でそのグループの人が実際に関わった模造紙が三つ出てくるはずです。そのときには、その模造紙で話し合われたことを張り切って報告してあげて下さい。その人は質問に答えられるはずですから、他の人はどんどん質問しちゃいましょう。質問はありますか？　では、スタート！」

こんな感じで〈ギャラリー・トーク〉を始めるわけです。あとは教師はタイムキーパーとして「3分たったら移動させる」（もちろん、生徒たちの様子を見て多少の延長はあり得る）を繰り返せばよいわけです。これを通るとラウンド3が格段に充実します。

ギャラリー・トーク
ステップ
5

〈ハーベスト〉はプレゼンで行わせる

〈ギャラリー・トーク〉は他グループが書いたFGをグループで見て回ることに本質があります。これによって最終的にラウンド3で〈提案〉をつくるときに、普通の〈ワールド・カフェ〉よりも広い視野で交流し検討することができるわけです。しかし、逆に言うと、それはあくまでもグループのメンバーによってグループの興味や方向性に従って他グループの交流を解釈したに過ぎません。他グループの交流の意図を理解したということとは異なるのです。

その意味で、〈ギャラリー・トーク〉を行う場合には、最後の〈ハーベスト〉を簡略化せず、各グループに〈プレゼンテーション〉を行わせるのがよい、と意識することが大切です。そうすることによって、「なるほど、あれはそういう意味だったのか」とか「ああ、最後にあれを大きく変えたんだね」とか、大きな発見を得ることができます。もちろん時間が許せばではありますが、〈ワールド・カフェ〉以上に〈ハーベスト〉を丁寧に扱う必要があるのだと意識することで、〈ギャラリー・トーク〉はより機能するのです。

ギャラリー・トーク
ステップ
6

すべては〈問い〉で決まる

〈ワールド・カフェ〉〈ギャラリー・トーク〉をはじめ、後に紹介する〈オープン・スペース・テクノロジー〉に至るまで、すべての〈教室ファシリテーション〉の機能性は〈問い〉の質で決まります。それはちょうど、古くから授業が発問の質で決まると言われてきたのと同じです。

一般に、〈ファシリテーション〉は参加者が自由に、闊達に話し合い交流し合う場面ばかりが話題になり、そのイメージばかりで語られることが多いようです。〈ファシリテーター〉はできるだけ存在感を消して、どこで何をしていたかさえわからない状態になるのが良いとさえ言われます。しかし、それはあくまで参加者（〈教室ファシリテーション〉の場合には学習者）の思考が活性化され、意欲的にテーマに沿った交流を迎えるような〈問い〉が〈ファシリテーター〉から発せられた場合に限るのです。〈教室ファシリテーション〉を学習者がいきいきと活動する状態を促進する、その場主義の交流活動と捉えてはいけません。多くの授業研究がそうであったように、ここでも発問研究と同質の営みが非常に大切なのです。

ギャラリー・トーク
ステップ

7

問題点を洗い出させる〈問い〉をつくる

〈ワールド・カフェ〉の項で述べましたが、〈ワールド・カフェ〉にしても〈ギャラリー・トーク〉にしても、ラウンド1ではテーマに関する問題点を経験を踏まえて洗い出させることに重きを置きます。そこで、〈問い〉も①問題点を挙げること、②経験から踏まえさせることの二つを意識してつくらなければなりません。

一見、〈問い〉はラウンド3の〈問い〉が最も重要なように考えがちですが、ラウンド1の問題点リストアップ型の〈問い〉を機能させてしまえば、参加者には思考するフレーム、交流するフレームができあがってしまって、あとはラウンド2・3と自然に流れていくのです。

その意味で、最も力を入れてつくるべきはラウンド1の〈問い〉なのです。

例えば、最終的に「学校の良さって何なのでしょう。もっとよくするためにはどうしたらよいでしょう」ということを考えさせたいとします。このテーマについて考えさせる上で、まずラウンド1において、「学校の良さって何だと思いますか」と直接的に問い、ブレイン・ストーミング的に考えさせる。ラウンド2において、「学校の良さを三つから五つにまとめてみましょう」と問い、ラウンド3で「これから学校をもっと良くしていくにはどうしたら良いでしょうか。三つにまとめて提案をつくりましょう」というふうに流していくのは、確かに一つの在り方です。

しかし、このラウンド1の問い「学校の良さって何だと思いますか」は抽象的で、参加者がマスコミの記事や社会問題を糧に思考する可能性が高くなります。それを狙おうというのであれば別に構いませんが、参加者の経験を引き出した具体的な交流をと願うのならば、ここにはひと工夫が必要です。

【例1】「もしも学校がなかったとしたら、私たちはどんなことに困るでしょうか。自分の経験を思い返しながら交流してみて下さい。」（実際に生徒たちに私が問うた例）

例えば、このように問えば、先に挙げた①問題点を挙げること、②経験から踏まえさせることという二つの条件を満たすことができるのです。もしも、参加者が大人で、社会問題まで射程に入れて考えさせたいのであれば、次のように問うたらいかがでしょうか。

【例2】「もしも学校がなかったとしたら、私たちはどんなことに困るでしょうか。自分の経験を思い返しながら交流してみて下さい。ただし、広く考えるために、社会の問題や社会の構造の問題まで射程に入れて下さい。学校というところはいろいろな機能をもっています。例えば、四月に行う身体測定。あのデータは集計されて白書のデータとして公表されていますね。子どもの成長を世代を超えて捉えることができることに学校は貢献しているわけです。例えば、もしも学校がなくなってしまったら、必然的に学校給食もなくなるわけですが、さて、世の中で学校給食があることによって食べている人はどのくらいいるでしょうか。学校がなくなることによって失業するのは決して学校の先生だけではないわけです。こういう考え方を決して排除しないで下さいね。」（あるワールド・カフェのイベントで私が問うた例）

参加者が生徒であろうと大人であろうと、「もしも学校がなかったとしたら、私たちはどんなことに困るでしょうか。自分の経験を思い返しながら交流してみて下さい」という〈問い〉の基本構造・根幹は、①問題点を挙げること、②経験から踏まえさせることという二つの条件を満たすことに徹する。その他の条件を付け加えたい場合には、その後に説明を付け加えることで対応する。特に想定範囲を広げたい場合には、一つか二つの具体例を付け加えることで思考範囲・想定範囲を広げることを目指す。こういう構造です。こうした〈問い〉の基本型をまず身につけることが必要なのです。

同様に、生徒たちに考えさせるのであれば、①問題点を挙げること、②経験から踏まえさせることという二つを踏まえて、次のような三つの〈問い〉の構造をもつとよいでしょう。

1　問題点をあげさせる問い＋経験から考えよという指示

前頁の例1・2のような〈問い〉です。生徒たち用の〈問い〉としては次のようなものになります。

【例3】「今日はまず、学級って何だろうってことについて考えていきます。もしも学校に学級というシステムがなかったとしたら、みなさんはどんなことに困るでしょうか。自分の経験を思い返しながら考えてみましょう。」

【例4】「コミュニケーションについて考えます。これまでの経験から、『ああ、気持ちが通じなくて残念だったなあ』というエピソードを二つから三つ、挙げてみましょう。」

【例5】「石川啄木はなぜ、こんなにも故郷を思うのでしょうか。三つの短歌から、啄木を故郷に帰らせない要因、啄木が故郷に帰ることを阻害する要因を想像してみましょう。」

2　一番ポジティヴなエピソード、一番ネガティヴなエピソードをあげさせる問い

生徒たち用の〈問い〉としては例えば次のようなものになります。

【例6】「今日はまず、学級って何だろうってことについて考えていきます。学校に学級があることによって、これまで一番良かったなあという経験と、一番困ったなあという経験とを一つずつ挙げてみて下さい。」

【例7】「コミュニケーションについて考えます。これまでの経験で、『ああ、気持ちが通じてよかった。嬉しかった』っていう一番の経験と、『ああ、気持ちが通じなくて残念だったなあ』っていう一番の経験とを一つずつ挙げてみましょう。」

3　一番ネガティヴな経験を交流させた上で、それらすべてを解消する方法を考えさせる問い

生徒たち用の〈問い〉としては、例えば次のようなものになります。

【例8】「今日はまず、学級って何だろうってことについて考えていきます。学級があることによって、これまで一番困ったなあという経験、いやだったなあという経験、ショックを受けた経験、そんなネガティヴな経験を一つ挙げて下さい。」（メモをとらせる）

「では、8分間差し上げますので、交流して下さい。ただし、交流においては他の人の話を肯定的に聴くことを心がけます。『それはきみが悪いよ』とか『意外と気が小さいんだね』とか、そういう否定的なコメントは一切しないようにして下さいね。」

「では、いよいよラウンド1です。いま、四つのネガティヴな経験が交流されました。それら四つが四つとも起こらない学級というのは、どのような条件が満たされている学級でしょうか。」

私の場合、この三つのパターンを基本にしてラウンド1の〈問い〉をつくっています。

ギャラリー・トーク
ステップ
8

問題点を抽象化させる〈問い〉をつくる

ラウンド2はラウンド1でリストアップした問題点を少し抽象的なレベルから見直してみようというラウンドと位置づけます。整理すると言ってもよいですし、分類すると言ってもよいでしょう。いずれにしても、リストアップされた問題要素を再構成するラウンドです。

例えば、前の【例1・2】のように、ラウンド1で「もしも学校がなかったとしたら、私たちはどんなことに困るでしょうか。自分の経験を思い返しながら交流してみて下さい。」と問うて、学校が意識的・無意識的に生徒たちに与えているものがリストアップされたとします。「学校がなかったら親友の亜希子ちゃんと出逢えていなかった」とか「方程式が解けなかった」とか「みんなで行事に取り組む喜びを体験できなかった」とか「こんなに一生懸命に部活に取り組むことはなかっただろう」とか、そういう任意の体験がたくさん出るわけですね。

ラウンド2では、これらの任意の体験を一段高いレベルを基準にして再構成することを目指します。例えば、

【例１・２】「結局、学校の良さって何なのでしょう。幾つかにまとめてみましょう。」

と問います。すると、ラウンド１で提示された様々な体験が分類されることになります。「学力が身につく」とか「体力を身につける」とか「友達と出会うことができる」とか「集団で取り組む喜びを知る」とか「いやな人、合わない人とのかかわりを学ぶ」とか、こうした少し抽象度の高い観点が生まれてくるわけです。

ラウンド２は、ラウンド１の問題の洗い出しとラウンド３の提案とをつなぐ役割をもつわけですから、洗い出されリストアップされた問題点を解決するためにどのような提案がなされるとよいのか、その観点をまとめるという機能をもつわけですね。

先の【例３】以降に対応して考えてみると、ラウンド２では次のように問うことになります。

【例３・６】「結局、学級の良さって何なのでしょう。幾つかにまとめてみましょう。」

【例４・７】「気持ちが通じないときに、『ああ、いま考えると、あのとき自分にはこれが足りなかったなあ』と感じられるものは何ですか。幾つかにまとめてみましょう。」

【例５】「啄木にとって故郷にあって、いま住んでいる場所にはないものは何なのでしょうか。幾つかにまとめてみましょう。」

ラウンド２では〈問題点〉を抽象化させる〈問い〉をつくるのが適しているのです。

ギャラリー・トーク
ステップ
9

問題点を踏まえて提案させる〈問い〉をつくる

ラウンド3は、私の場合、その日、その場に集まった四人だからこそできる〈提案〉をつくるということに主眼を置くようにしています。〈ワールド・カフェ〉の項（167頁）でも述べましたが、【例1】の場合であれば、次のように言います。

「これまでの話し合いを踏まえて、ラウンド3では、『〇〇中学校をより良い学校にするための校長先生への三つの提案』をつくってみましょう。ただし、どう考えても無理だなとか、あまりにもお金がかかるとか、そういう提案はダメです。一部だけが幸せになる提案もダメです。みんなが幸せになれる、それでいて現実的な、そんな三つの提案をつくってみましょう。」

【例2】の場合であれば、次のようになるでしょうか。

「これまでの話し合いを踏まえて、ラウンド3では、『学校教育をより良い学校にするための教育委員会への三つの提案』をつくってみましょう。ただし、あまりにも遠い、10年後、20年後に向けての提案ではなく、3年後を見据えた『いまできる、現実的なこと』を考えます。例えば、『高校を義務教育にする』という提案を3年でやろうということになると現実的ではありません。しかし、『すべての教員に市民参加型のワールド・カフェ・イベントに年3回以上参加して、学校外の人々と交流することを義務づける』ということであれば、なんとかできそうですよね。こういう現実的でありながら学校教育を一歩進められる、そういう提案を目指します。」

せっかく〈ワールド・カフェ〉や〈ギャラリー・トーク〉が参加者の経験からスタートして、現実的な問題点を洗い出したのです。それをもとに考える〈提案〉が理念先行の難しいものになってしまったり、実現性の薄い夢みたいな話になってしまうのでは意味がありません。〈提案〉を求めるときには、手を換え品を換え、「現実性」「実現性」を吟味して下さいと言い続けることが大切なのです。そうすることによって、具体的に思考することができるからです。

先の【例3】以降に対応して考えてみると、例えば、次のように問うことになるでしょうか。

【例3・6】「学級のみんなで意識するべき、『○年○組三箇条』をつくってみましょう。」

【例4・7】「円滑なコミュニケーションを目指して、だれもが意識すべき『コミュニケーション三箇条』をつくってみましょう。」

【例5】「石川啄木の三つの短歌を、故郷への思いが強いものから順番に並べます。もちろん、なぜその順番になるのかという理由も書きましょう。」

ギャラリー・トーク
ステップ
10

〈一つの問い〉で最後まで交流させる

これまでラウンド1～3まで〈問い〉を一つひとつ変える例について述べてきましたが、三つのラウンドを一つの〈問い〉で行う場合もあります。ここでは先の【例8】で考えてみましょう。

【例8】「今日はまず、学級って何だろうってことについて考えていきます。学級があることによって、これまで一番困ったなあという経験、いやだったなあという経験、ショックを受けた経験、そんなネガティヴな経験を一つ挙げて下さい。」（メモをとらせる）

「では、8分間差し上げますので、交流して下さい。ただし、交流においては他の人の話を肯定的に聴くことを心がけます。『それはきみが悪いよ』とか『意外と気が小さいんだね』とか、そういう否定的なコメントは一切しないようにして下さいね。」

「では、いよいよラウンド1です。いま、四つのネガティヴな経験が交流されました。それら四つが四つとも起こらない学級というのは、どのような条件が満たされている学級でしょうか。」

　このような問いであれば、全員が学級によるネガティヴな経験を一つは言えるという前提に立てます。しかもそれらのエピソードは一つひとつ事象も捉え方も異なる経験であり、グループ替えをすると新たなエピソードを理解することによって、すべての生徒の思考の広がりを保障することになります。このような前提があれば、「それら四つが四つとも起こらない学級というのは、どのような条件が満たされている学級でしょうか」というたった一つの〈問い〉で、ラウンド1～3までを通して話し合うことができるでしょう。しかも、ラウンドが進むにつれて、ラウンド2で新しい人と交流して新しいエピソードを聞いたり、ラウンド3で方々に散っていた人たちから更に新しいエピソードを得たりと、考える要素がどんどん広がっていくことになります。

　私は教員を対象としたセミナーでもこのタイプの〈問い〉をよく使います。

【例9】「まずは自分の学級で最も手のかかる子を一人思い浮かべて下さい。」
「では、10分間差し上げますので交流して下さい。」
「では、いよいよラウンド1です。いま、四人の手のかかる子が交流されました。その四人が一つの学級にいるとします。想定学年は小学校六年生とします。その子たちみんなを巻き込めるような、その子たちみんなが一生懸命に取り組めるような授業とはどのような授業でしょうか。」

………パネル・チャット

10のステップ

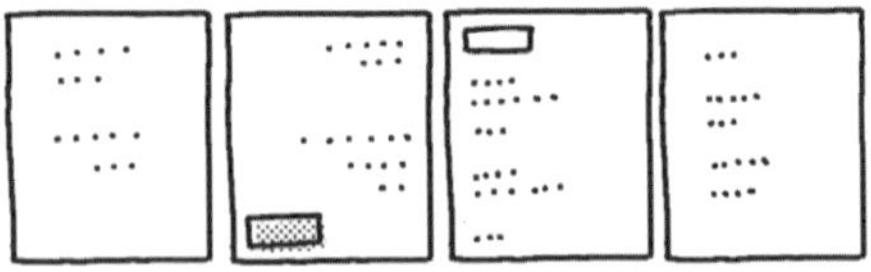

【目的】

①独善的な見解に閉じこもることを避け、他者と交流したり議論したりすることにより、個人の意見を深めたり広めたりする。

②〈アプローチ・タイム〉において他人の意見を読むとともに、興味を抱いた意見にアクセスすることによって、自らの思考を活性する。

③〈フリー・ディスカッション・タイム〉後に再び同一課題で意見をまとめることによって、自らの見解の深化拡充を自覚する。

④同一テーマに対するものの見方・考え方の多様性を知ることで、多様な視点をもつ一助とする。

【準備】

①色画用紙（＝パネル）

②養生テープ（パネルを壁に貼るため）

③付箋紙（76×127ミリ／青・黄・赤）

10 steps

①〈個人課題〉を深めさせる
②〈AorBでC〉を問う
③各自の意見を〈パネル〉に書かせる
④〈パネル・チャット〉を準備する
⑤〈アプローチ・タイム〉でアクセスさせる
⑥自由に〈ディスカッション〉させる
⑦〈パネル〉の見解以上の論述をさせる
⑧作品をたたえ合う
⑨課題の質を高め合う
⑩〈パネル・チャット〉は人数を問わない

④ストップ・ウォッチ
⑤ワークシート・原稿用紙など

【典型的な流れ】
①課題の提示
②パネル（個人の意見）の作成
③パネルの掲示
④アプローチ・タイム
⑤フリー・ディスカッション・タイム
⑥発展させた意見の論述

【留意点】
〈グループ・ディスカッション〉に慣れてから始めないと機能しづらいので注意が必要である。

【使用上の注意】
意見の割れない課題では機能しないので注意する。

パネル・チャットステップ

1

〈個人課題〉を深めさせる

第1章でも述べたように、〈パネル・チャット〉は私が研究仲間とともに開発した全員参加型の交流システムです。略称を〈PCS〉（＝パネル・チャット・システム）といい、生徒たち個人個人が自らの課題に従って、自ら交流したいと思う人と自ら働きかけて課題を深めていく、あくまで個人をベースとした話し合いシステムです。

これまで紹介してきた交流アイテムが「できるだけ肯定的に」「他人の意見を否定してはいけない」と自他の意見を融合する方向で進めるアイテムであったのに対し、〈パネル・チャット〉は他人の意見との共通点・相違点を明確にしながら、あくまでも自分の見解を深化拡充することを目指す交流アイテムです。かといって、〈マイクロ・ディベート〉のようにフォーマットがガチガチに固められているわけではなく、適度な自由度があります。

生徒たち個々の〈個人課題〉をもっと深めさせるために交流させたい、しかし、他の者に追従させるのではなく、あくまでも個人見解を深化拡充させたい、そういう場合に適しています。

パネル・チャット
ステップ

2

〈A or BでC〉を問う

古くから発問研究において、選択肢を与える課題が一つのスキルとして奨励されてきました。二つ、或いは三つ、場合によっては四つ以上の選択肢を与えて生徒たちに選ばせる。それを理由とともに議論させる。その議論の中からAやBという選択肢が問題なのではなく、理由のレベルの複雑さにこそ問題があるということに気づかせる。そういう手法です。

Aが正しいのかBが正しいのかを議論しているうち、別の観点Cが顕在化してくる、そういう発問ですね。これを俗に「A or BでCを問う発問」と呼びます。

〈パネル・チャット〉はこうした課題に適しています。私は国語教師ですから、解釈が二つに割れたときに使ったり、〈ギャラリー・トーク〉の項で述べた石川啄木の短歌の授業において、「故郷をうたった三つの短歌で最も故郷への思いが強いのはどれか」という課題で使ったり、或いは和歌の授業において、「初句・二句・三句・四句・結句のうち、作者の感動の中心はどこか」というような課題を提示したりしてきました。

パネル・チャット
ステップ

③ 各自の意見を〈パネル〉に書かせる

まず、生徒たちにパネル（＝色画用紙／私の場合、色画用紙を縦長に四分割したものを使うことが多い）を配付し、マジックで各自の意見を書かせます。パネルの一番上に選択肢から選んだ記号を書かせ、その下に三～五行程度で理由を書かせます。

これが全員分揃ったところで、教室の壁（できれば、普通教室二つ分程度の広い特別教室がふさわしい）に貼ります。選択肢が二つの場合には両側の壁に、Ａは前に向かって右側の壁に、Ｂは前に向かって左側の壁に、というように分けて貼ります。選択肢が三つなら三方向の壁に、選択肢が四つなら四方向の壁に、とするとよいでしょう。いずれにしても結論が同じであるパネルはまとめて貼ります。

貼り方は横並び、目より少し高い位置に貼ります。下にはあとで付箋紙がたくさん貼られることになりますから、すべてのパネルの下は空いていなければなりません。教室二つ分程度の特別教室をというのは、このように横並びに張るため広いスペースを必要とするのです。

パネル・チャットステップ

4 〈パネル・チャット〉を準備する

壁にパネルを貼ったら、いよいよ〈パネル・チャット〉の開始です。

準備するものとしては、①ストップ・ウォッチと②付箋紙（76×127ミリを青・黄・赤の三色）の二つだけです。ストップ・ウォッチは教師がタイム・キーパーとして用いるものですが、付箋紙を三色用意することには少々説明が必要です。

〈パネル・チャット〉の付箋紙の色には、それぞれ意味があります。

まず、青は「賛成意見」と「補足意見」。つまり、あなたの意見に賛成であると同じ選択肢を選んでいる人に対して意見する場合と、「こういう理由もありますよ」と補足する場合です。

黄色は「疑問」と「質問」。同じ選択肢を選んでいる人に対してでも、異なった選択肢を選んでいる人に対してでも、疑問に感じたことや質問事項を記入します。

赤は「批判」や「反論」です。異なった選択肢を選んでいる人に対して、こういう理由であなたの見解には賛成できない、或いはあなたは間違っているという意見を表明します。

パネル・チャットステップ 5

〈アプローチ・タイム〉でアクセスさせる

〈パネル・チャット〉は、〈アプローチ・タイム〉と呼ばれる各パネルを読み合う時間から始まります。読み合うとはいうものの、四十人学級なら四十枚のパネルがあるわけですから、学級の人数分だけあるパネルのすべてに目を通すというわけにはいきません。教師は時間内にだいたい読めるパネルが十五〜二十枚くらいとおさえておくとよいでしょう。〈アプローチ・タイム〉は15〜20分間を目処とします。

生徒たちは各々の興味・関心、或いは目的に応じて読むパネルを選ぶことになります。自分なりに結論はもっているのだけれど、どうも論拠に乏しい感じがしている、自分と同じ結論をもっている人たちがどんな論拠で同じ結論に至っているのかが知りたい、そういう生徒は自分と同じ結論のパネルがまとめて貼られているところを中心に読むことになります。また、自分の意見を補強するために、自分とは異なった意見をもつ人たちと交流したい、或いはもっと積極的に議論がしたい、そういう生徒は自分とは異なる結論のパネルを中心に見ることになります。いずれにしても、生徒たち個々が、一人ひとり判断して読むパネルを決めるわけです。

しかし、〈アプローチ・タイム〉の真の目的は読み合うことではありません。実は、ある程度目的のパネルを読み終わったら、他の人たちのパネルにアクセスするのです。具体的には、青い付箋紙に「賛成意見・補足意見」を、黄色い付箋紙に「疑問・質問」を、赤い付箋紙に「批判・反論」を書いて、アクセスしたいパネルの下に貼るのです。

この付箋紙は一人あたり三枚以上書くことをルールとします。とは言っても、これは成績下位の生徒たちのための最低ラインであり、8割以上の生徒たちは五〜八枚程度書きます。

さて、〈アプローチ・タイム〉で教師が絶対に配慮しなければならないことが二つあります。

一つは、絶対に声を出させないということです。〈アプローチ・タイム〉は個人作業の時間であり、個人思考の時間であると位置づけます。他人のパネルを読んだり、賛成の態度を表明したり、疑問を感じたり反論したりしながら、生徒個々が「交流をしたい」「議論をしたい」というエネルギーをため込む時間なのです。一度でもやったことがある人ならわかるのですが、ここで一切のおしゃべりを禁止することがその後の展開を有意義なものにするのです。また、一度でも体験すれば、生徒たちにもその構造が伝わります。

もう一つは、一枚も付箋の貼られないパネルを、絶対に一つも出さないことです。もしもそういうパネルが一枚でも出たとしたら、〈パネル・チャット〉は一気に「やらないほうがよかった手法」に堕してしまいます。これはいくら強調しても強調しすぎるということのないくらい、大切な大切な原理です。

〈アプローチ・タイム〉の指導言としては次のようになります。具体物を示しながら、また、一つひとつ板書しながら説明していきます。

「これから、20分間の〈アプローチ・タイム〉を始めます。まず、主に自分とは異なった意見が表明されているものを中心に、自分が興味をもったパネルを読みます。読みながら、守ってほしいことが五つあります。まず第一、この〈アプローチ・タイム〉の20分間は、絶対に声を出してはいけません。あとで交流したり議論したりする時間はたっぷりありますから、まずは個人で多くのパネルを読みながら、自分の意見を確固たるものにして下さい。第二に、ここに付箋がありますす。青、黄、赤の三色あります。パネルを読んでいて『なるほど賛成だ』と思ったり、『ちょっとこれには補足しておこう』という感じたりした場合には、青い付箋に意見を書いてそのパネルの下に貼ります。黄色は『えっ？ これってどういうこと？』とか『どうしてこういうふうに考えたんだろう……』といった疑問や質問を書いて貼ります。赤は『これは納得できない』とか『この人の言ってることは違う』と考えたときなどに批判や反論を書きます。良いですね。青が賛成・

補足、黄色が疑問・質問、赤が批判・反論です。第三に、できるだけ具体的にわかりやすく書きましょう。特に『あなたのここのところが良いと思いますよ』『あなたのここが疑問ですよ』『あなたのここの部分が私は違うと思うんですよ』と、パネルに書かれている文章を引用すると、より説得力のある意見になります。第四に、付箋には必ず名前を書かなければならないということです。あとで交流したり議論したりするときに、この付箋を書いた人と話し合おうと思っても、それを書いた人がだれなのかわからないのでは話になりません。絶対に記名を忘れないで下さい。また、記名を忘れている人を見つけたら、『名前書いてないよ』と教えてあげて下さい。絶対にしゃべってはいけないといいましたが、記名忘れを教えるときだけはＯＫです。第五に、最終的に一枚も付箋の貼られないパネルをなくさなければならない、ということです。この時間が終わって、自分のパネルに一枚も付箋が貼られていなかったときのことを想像してみて下さい。あまりにも寂しく感じて、次第に腹立たしくなって、しまいにはやる気がなくなってしまうのではないでしょうか。そういう人が一人も出ないように、みんなで意識しなければなりません。よろしいでしょうか。何か質問はありますか？　では、スタート！」

こうして始めます。もちろん、こんなに細かく説明しなければならないのは初めてやるときだけ。二回目からは「〈アプローチ・タイム〉スタート！」で機能するようになります。

〈アプローチ・タイム〉が残り6分になった時点で、教師は次のように指示します。

「残り6分です。ここからは、一枚も付箋の貼られていないパネルに優先的に貼って下さい。」

更に、残り3分になった時点で、個別に生徒たちに一枚も貼られていないパネルに付箋を書いて貼るように依頼します。これも最初はこのような依頼が必要であることが多いのですが、二度目三度目と慣れてくるに従って生徒たちも心得るようになり、自分たちで一枚も付箋の貼られないパネルが出ないように配慮しながら動けるようになっていきます。

〈アプローチ・タイム〉終了時刻になったら、次のように指示します。

「はい。それでは〈アプローチ・タイム〉終了の時間です。いまこの瞬間に付箋を書いていないという人は席について下さい。また、いま付箋を書いている途中だよっていう人は、その付箋が書き終わったら席について下さい。もう新しい付箋を書くのはやめて下さい。」

〈パネル・チャット〉に限らず、また、〈ファシリテーション〉に限らず、生徒たちに活動をやめさせる指示を出す場合には、このように生徒たちの立場に立って、いま行われていることが何であるのか、いまある状態がどのような状態なのかをよく把握して、できるだけ抵抗を抱かないように配慮しなければなりません。本書でもいろいろな場面で述べてきましたが、ある活動をやめさせるという指示には、ある種の「やわらかさ」、〈指示の柔軟性〉が必要なのです。

パネル・チャットステップ

6 自由に〈ディスカッション〉させる

〈アプローチ・タイム〉が終わったら、〈フリー・ディスカッション・タイム〉です。これは文字通り、自由に交流したり議論したりする時間と捉えて構いません。

次のように指示します。

「では、これから〈フリー・ディスカッション・タイム〉を始めます。15分を予定していますが、皆さんの様子を見て多少延ばすということもあるかも知れません。先生の『やめ！』の合図まで続けます。〈フリー・ディスカッション・タイム〉では、まず自分のパネルのところに行って、自分のパネルに貼られた付箋をすべて読んで下さい。その後、付箋を書いてくれた人のところに行き、交流したり、質問に答えたり、再反論したりします。二人で議論しても構いませんし、三人とか四人とか五人とかで議論しても構いません。もちろん立ち歩き可です。『うるせえ』とか『ふざけんな』とか、要するに粗暴なやりとりや他人の悪口さえなければ、基本的にこの時間にルールはありません。とにかく自分にとって有益な議論をして下さい。」

パネル・チャット
ステップ
7

〈パネル〉の見解以上の論述をさせる

ステップ1で述べましたが、〈パネル・チャット〉は個人の課題や見解を深めさせるためのアイテムです。個人の課題や見解は〈パネル〉に書かれるわけですが、その見解が〈アプローチ・タイム〉や〈フリー・ディスカッション・タイム〉を通してどれだけ深化拡充したかということこそが、〈パネル・チャット〉の成否のポイントであり評価の基準でもあります。

その意味で、〈パネル・チャット〉のあとには、最初に〈パネル〉に書いたのと同じ課題、同じテーマで、生徒たちに再構築された意見を再び書かせなければなりません。原稿用紙でも良いですし、ワークシートでも構いませんが、やりっ放しだけはいけません。

もちろん、すべてが完了した後に、小グループごとに〈シェアリング〉の時間を設けることも有効です。生徒たちは作文に書いた内容が最初に比べてどのように深まったのか、また、〈フリー・ディスカッション・タイム〉においてどのようなことがうまく議論でき、どのようなことがうまく議論できなかったのか、そしてそれはなぜかといったことを振り返ることになります。

パネル・チャット
ステップ

8

作品をたたえ合う

〈パネル・チャット〉は、議論によって個人課題を深め合うという使い方だけでなく、国語の作文や書写、社会でつくった新聞、図工や美術や技術・家庭の作品などの鑑賞会の手法としても使えます。要するに、青付箋だけを使って、成果をたたえ合うわけです。

もちろん、学級内で掲示された作品に青付箋で賞賛コメントを書かせるという使い方もできますが、むしろ〈パネル・チャット〉の良さは学級を越えての交流が可能になることです。

例えば、夏休みの宿題であった読書感想文を一週間ほど廊下に掲示したとします。教師はこれらを読み合うことを期待するわけですが、一部の生徒はそれらを読んだとしても、もしかしたら生徒たちの多くは掲示された読書感想文に興味を示さないかもしれません。しかし、一人五枚ずつ青付箋を渡して、簡単なコメントをつけることを課題として与えれば、生徒たちはお互いに読書感想文を読み合うことになります。また、学級内であれば、青付箋だけでなく赤付箋も渡して「ここが伝わりにくいよ」というコメントをつけ合って、推敲の参考にすることもできます。

パネル・チャットステップ 9

課題の質を高め合う

「総合的な学習の時間」において、個人の課題やグループの課題を設定して自ら学ぶことが求められています。しかし、もう導入から10年がたつというのに、「総合的な学習の時間」の課題づくりはなかなか機能していないというのが現実ではないでしょうか。それは「総合的な学習の時間」の性質上、学習の範囲が広すぎるために、生徒たちはもっている情報があまりにも少なく良質な課題をつくれない、学級担任も同様に不得意分野についてはなかなか助言ができない、そういう事情があるように思います。

しかし、〈パネル・チャット〉を使えば、この問題を解消することができます。まず、「総合的な学習の時間」における個人課題やグループの課題を〈パネル〉として廊下に掲示します。すぐ近くに机を置いて付箋紙を置いておきます。そして、何かこの課題を追究する上で参考となる情報がある場合には、だれでも付箋でコメントできるようにしておくのです。学年の生徒たちはもちろん、他学級の担任や教科担任、保護者や出入りの業者に至るまでがコメントをくれるようになります。学校というところはこんなにも人材が豊富なところだったのだと実感されます。

情報収集がうまくいかない、機能しないと感じる場合の一番の要因は、学級という閉じられた空間、閉じられた構成員だけでなんとかしようという機制が無意識のうちに働いてしまうところにあります。一般には、多くの人間で交流しようとすると大きな空間（例えば体育館）と同一の時間（例えば全校一斉の学活時間）が必要になります。それが足枷になることも少なくありません。しかし、実はそんな必要などないのです。一週間廊下に掲示しておくことで、時間のある人が、興味をもった人がいつでもコメントできる、そういう場さえあればそれで充分なのです。

パネル・チャット
ステップ
10

〈パネル・チャット〉は人数を問わない

〈パネル・チャット〉の大きな特徴は、いかなる大人数にも対応できるということです。私の経験では体育館で学年一斉に、二八六名で行ったことがあります。

「総合的な学習の時間」の課題づくりやテーマ設定、旅行的行事の目標づくり、学校祭・文化祭での学年発表の企画案づくりなど、様々な使い道があります。

オープン・スペース・テクノロジー　10のステップ

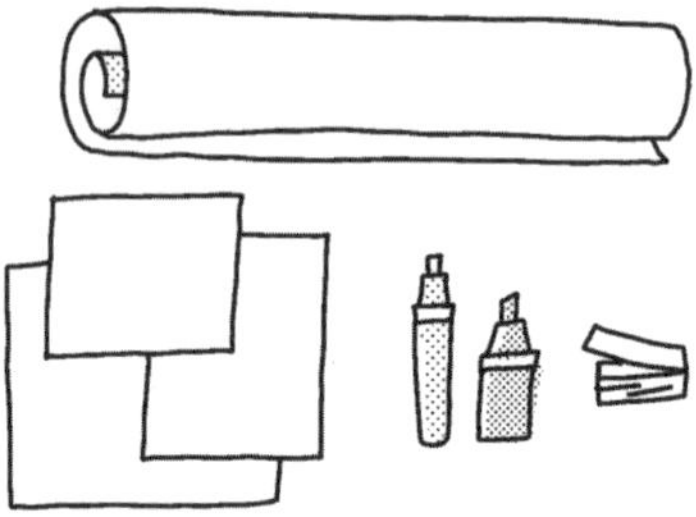

【目的】

①個々人の興味・関心・課題に則って、交流したいことを交流したい仕方でディスカッションすることによって、当事者意識をもって参加する。

②独善的な見解に閉じこもることを避け、他者と交流したり議論したりすることにより、協同的にアクション・プランを作成する。

③個々人の興味・関心・課題に従って他者と交流し、情報を収集することにより、多様な視点から自らの見解を吟味することができる。

④企画提案を具体的にプレゼンテーションすることによって、全体への説得の在り方を学ぶ。

【準備】

①A４判・B４判・A３判用紙

②模造紙

③養生テープ

10 steps

①〈教室ファシリテーション〉のゴールと心得る
②まずは多くの選択肢をもつ課題から始める
③〈OST〉を準備する
④〈OST〉の前に意見をもたせる
⑤自分の意見を発表させる
⑥〈交流したい人〉とグループを組ませる
⑦〈AorBでCを問う〉の発展型と位置づける
⑧〈ほとんどすべて自由〉に取り組ませる
⑨〈企画立案〉させる
⑩〈教室ファシリテーション〉で〈協同体験〉を積む

④付箋紙（76×127ミリ／青・黄・赤）
⑤マジック（太さの異なるもの数種類）

【典型的な流れ】

①課題の提示
②個人の意見のメモ
③個人の意見の発表
④グループづくり
⑤グループごとの交流
⑥アクション・プランの作成
⑦プレゼンテーション
⑧シェアリング

【留意点】

様々な〈教室ファシリテーション〉アイテムを使いこなし、人間関係もできた上で取り組むべき手法である。

オープン・スペース・テクノロジーステップ

1

〈教室ファシリテーション〉のゴールと心得る

第1章でも述べましたが、〈OST〉は、〈ワールド・カフェ〉や〈ギャラリー・トーク〉における〈拡散型ファシリテーション〉の良さと、〈パネル・チャット〉のような個人見解の深化拡充を目指すシステムの良さとを両立させる〈ファシリテーション・アイテム〉です。しかも、〈拡散思考〉を十分に機能させせながらも、最終的には〈収束〉を目指す意志決定型の〈ファシリテーション・アイテム〉でもあります。更には、〈グループ・ディスカッション〉〈マイクロ・ディベート〉〈ブレイン・ストーミング〉など、これまで紹介してきたアイテムのスキルをすべて使って機能させることが可能な、自由度の高い〈ファシリテーション・アイテム〉でもあります。

私は前に「安易に教室に導入するとヤケドをする手法……くらいの慎重な心構えをもつことが必要です」（58頁）と指摘しましたが、生徒たちが様々な〈ファシリテーション・アイテム〉に慣れ、それらのアイテムを十分に使いこなせるようになった後に、「さらに上を目指そう」というときに導入すべきものと捉えるとよいと思います。

オープン・スペース・テクノロジーステップ

2

まずは多くの選択肢をもつ課題から始める

〈OST〉は生徒たち個々人が「交流したいこと」「話し合いたいこと」「議論したいこと」をもっているということがスタート地点になります。つまり〈OST〉は、生徒個々が「交流したいこと」をもっていないと始まらないわけです。

私はよく7～12遍の作品（フレーズ）を生徒たち一人ひとりに順位づけさせ、その順位をもとにグループが集まって交流する、という授業を行います。例えば、男性視点の初恋を歌った曲のフレーズを7遍提示して「思いの強い順に並べなさい」とか、女性視点の失恋を歌った曲のフレーズを12遍提示して「未練の強い順に並べなさい」といった課題です。こうした順位づけの課題を与えると、自分が1位にしているフレーズが他の人は最下位にしていたり、自分が1位をつけたフレーズを1位にしている人が他にだれもいなかったりといったことが起こります。そうすると、「なぜ、みんなこのフレーズの良さがわからないのか」とか、「自分が気に入らなかったフレーズはどんな根拠で選ばれているのか」といった意欲が生まれてくるわけです。

オープン・スペース・テクノロジーステップ 3

〈OST〉を準備する

〈OST〉はどこで話し合うか、どのように話し合うか、何を使って話し合うかといったことを生徒たちにゆだねるところにその本質があります。従って、準備するものもできるだけ多様なものを用意することが求められます。

基本的に、最低でも①A4判・B4判・A3判用紙多数、②模造紙多数、③養生テープ、④マジック（いろいろな太さのものセットを全部で12セット程度）、⑤付箋紙（私の場合は76×127ミリ／青・黄・赤）くらいは用意しておきましょう。この他にスケッチブックや色鉛筆、ハサミやセロハンテープなどもあるとなお良いでしょう。いずれにしても、こうしたツールは用意すれば用意しただけ、必ずどこかのグループが使い始めるものです。

もう一つ、重要なことがあります。それは〈オープン・スペース〉を保障するために、最低でも教室二つ分程度の部屋を用意するということです。学校では「多目的室」と呼ばれているような広めの特別教室を使うとよいと思います。

オープン・スペース・テクノロジーステップ

4

〈ＯＳＴ〉の前に意見をもたせる

ステップ２で順位づけの課題を用いることが多いと述べましたが、歌詞以外にも、地元の短歌コンクール入賞作品に順位をつけさせるとか、「サラリーマン川柳」の歴代の大賞作品から12遍を教材化（http://event.dai-ichi-life.co.jp/company/senryu/successive_no1.html）して、それに順位をつけさせるなど、ネタは世の中に溢れています。

ここでは、ツイッター小説大賞の受賞作品（http://www.d21.co.jp/campaigns/twnovel）から12遍を選んで教材化した例を用いて述べていきましょう。

まずは12編を提示した上で、次のように指示します。

「みなさんはツイッター小説大賞の審査員です。この12編から大賞を一遍選びます。また、１位の大賞から10位の順位をつけます。この10遍が受賞作です。ですから、２遍は受賞から漏れるわけです。まずは他の人と一切おしゃべりをしないで、自分の感覚だけで１位から10位、そして受賞漏れの２遍を決めて下さい。」

オープン・スペース・テクノロジーステップ
5

自分の意見を発表させる

生徒たち全員の順位づけが済んだら、それをA3判の用紙（なければA4判でも構わない）を配付し、次のように指示します。

「いま、配った紙にマジックで大賞に選んだツイッター小説の記号を大きく書いて下さい。また、その下に受賞漏れとした2遍の記号を書いて下さい。5分後にそれぞれの理由を発表してもらいますから、理由も言えるようにしておいて下さいね。」

この用紙を書き終わったら、椅子を移動して全員でサークルをつくります。椅子で円をつくるスペースがない場合には、床に座らせたり、場合によっては立ったままでも構いません。ただ一人30秒ずつ発表しても40人学級なら20分かかりますから、やはり座らせるのが原則です。

「では、これから一人ずつ、選んだツイッター小説とその理由を順に発表してもらいます。あとでだれと交流し合うかを決めることになりますから、『ああ、この人と感覚が近いな』とか『あの人、自分とはまったく違うから交流してみたい』とか考えながら聞いて下さいね。」

オープン・スペース・テクノロジーステップ 6

〈交流したい人〉とグループを組ませる

全員の発表が終わったら、交流するグループを組ませます。〈ＯＳＴ〉に慣れてくると、「三〜五人の交流グループを組みなさい。」と指示するだけでできるようになりますが、最初はそういうわけにはいきません。

実は、私が〈ＯＳＴ〉導入の当初に順位づけの課題を提示する理由は実はここにあります。まず、大賞候補作として1位に挙げたツイッター小説が同じ者同士が集まります。人数が不均衡になりますから、あるグループは八人、あるグループは六人、あるグループは三人、そしてその小説を選んだ生徒は一人しかいないなどというものも三つとか四つとか出るわけです。

こうした場合、一人しか選んでいないという者たちを集めて一つのグループにします。また、三〜五人のグループはそのままとし、六人以上のグループは二つに分けます。ほとんどあり得ませんが十人以上のグループができた場合には三つに分けます。

こうして〈ＯＳＴ〉を行うグループにある種の「課題の同質性」をつくっていくわけです。

オープン・スペース・テクノロジーステップ 7

〈A or BでCを問う〉の発展型と位置づける

こうした順位づけの課題は、決してその順位づけ自体が学習事項になるわけではありません。あくまで、なぜ、そのようには判断したのか、その判断の基準を交流しようというのがねらいです。従ってツイッター小説なら、良い表現、良い描写の特質とは何かを交流し合うことがねらいになるわけです。従って、この課題は〈A or BでCを問う〉の発展型、つまり12遍ですから〈A～Lの順位づけでMを問うている〉ということになります。

私の場合、グループ交流に入るとき、次のように言うことにしています。

「では、これから時間45分程度を予定していますが、各グループで交流を進めてもらいます。基本的にはグループで共通見解をつくってもらいます。要するに、ツイッター小説大賞の審査員として、大賞から10位まで、そして受賞漏れの2遍を決めてもらうわけです。もう一つ、必ず選評をつくってください。どういう基準で大賞が選ばれ、どういう基準で最終選考まで残った12遍のうち2遍が漏れたのか、その基準をあらわす文章をまとめて下さい。」

オープン・スペース・テクノロジーステップ 8

〈ほとんどすべて自由〉に取り組ませる

先にも述べましたが、〈ＯＳＴ〉はどこで話し合うか、どのように話し合うか、何を使って話し合うかといったことを生徒たちにゆだねるところにその本質があります。

①便宜上、最初にグループに分かれたけれども、このグループは自分の感覚にそぐわない方向で話が進んでいると感じれば、他のグループに移動しても構わない。

②各グループでの交流中に自由に他のグループを見に行って構わない。場合によっては交流に参加することもいとわない。

③用意してある交流のためのグッズはいつ何を使ってもよい。片付けだけはきちんとすること。

④ただし、テーマに集中して交流すること。

⑤これまでの様々な交流活動と同じように、一人が続けてしゃべりすぎたり、他人の意見を頭ごなしに否定したり、多数決で決めたりすることは避けること。

このような〈ほとんどすべて自由に活動できる〉というのが〈ＯＳＴ〉の特徴なのです。

オープン・スペース・テクノロジーステップ
9

〈企画立案〉させる

私は学校祭において、ステージ発表ならばオムニバス型のステージを、教室発表ならば空間をいくつかのコーナーに分けての発表をすることにしています。複数の企画を実現することができるからであり、延《ひい》ては生徒たちの多様な企画を同時に具現することができるからでもあります。

この生徒たちに多様な企画を立案させるときに、〈OST〉はおおいに機能するアイテムになります。まずは、生徒たちに個人企画を立てさせます（前に述べたように、私の場合は二人一組でペア・ディスカッションで立てさせる場合が多い）。これをいきなり学級会にかけるのではなく、まず〈OST〉にかけて具体的で、面白く、発展性のある企画に練り上げさせるのです。

円形になって企画を発表し合う。似たような企画を立てた者同士がグループになって企画を練り上げる。更には学級全体に対して、自分たちの企画がなぜ、どのように良いのかをプレゼンする。こういう流れです。〈OST〉は最終的には〈収束型〉のアイテムです。最も機能するのはこうした〈企画立案〉型の活動なのです。

オープン・スペース・テクノロジーステップ

10

〈教室ファシリテーション〉で〈協同体験〉を積む

意見の対立や立場による利害を越えて、他者と〈協同〉しながら〈問題解決〉をはかる。そういう力が知識以上に大切な時代になってきています。もちろん知識が必要なくなったわけではありません。しかし、学力の優先順位が変わったのだと思います。

他者と〈協同する力〉は、他者と〈協同する体験〉を重ねることでしか身につきません。そこには信頼関係を築くことや、自らの立場を主張したり他者の立場を理解したりすること、二つの異なった利害を止揚したりWIN-WINの関係を築こうと模索したりすることなど、様々な要素が複雑に絡み合っています。こうした体験を一つひとつ積み上げ、終わった後の〈シェアリング〉を重ねて何がうまく機能し何がうまく機能しなかったのか、そしてそれはなぜか、こう問い続けることでしか、〈協同する力〉は身につきません。誤解を恐れずに言えば、一人の力では何もできなくなった時代、一人が膨大な知識をもつことに限界のある時代、そういう時代になったのです。〈教室ファシリテーション〉は、そんな時代の教育における一つの打開策なのです。

あとがき

私の「10の原理・100の原則」がシリーズ化されることになりました。年二冊のペースで刊行していく予定です。本書は『学級経営』『生徒指導』に続いて、シリーズ三冊目となります。

前著二冊が学級経営・生徒指導と、生徒たちに日常的な学校生活をどのように送らせるかという分野を内容としていたのに対し、本書は〈教室ファシリテーション〉という学級活動や行事企画をどうつくりどうつくらせるか、また、経験主義的授業観に基づく学習活動や協同的な学習活動をどうつくるかという、前著二冊とは前提となる思想の異なった分野を内容としています。しかし、〈10のアイテム〉について〈100のステップ〉を提示しようとする試みは、そうした生徒主導の学習活動をも教師の働きかけによってシステマティックにつくっていこうという思想に支えられており、その根幹思想は変わっていないつもりです。むしろ前著二冊に比べて、今日的な「子どもの変容」を真正面から見据え、それに対応していこうとする姿勢を示したものと自負しております。

本書の内容である〈教室ファシリテーション〉の実践研究に取り組み始めたのは九〇年代末のことです。いまとなっては私の人生に欠かすことのできなくなった盟友石川晋と出会うとともに、彼の導きによって上條晴夫氏をはじめとする「授業づくりネットワーク」に集う方々と出会ったことが契機となっております。また、二〇〇〇年代の半ばになって、ファシリテーションとディベートを中心に各方面で研修講師として活躍されている岡山洋一氏、協同学習の手法を取り入れ、その体系をつくろうと尽力されている赤坂真二氏というお二方との出逢いが、研究をまとめようという方向へと私を導いてくれたようにも思います。この場を借りて、お世話になった皆様に深く感謝申し上げます。

今回も装丁とイラストでイクタケマコトさんには大変お世話になりました。ありがとうございます。また、いつもながら、怠惰な私に矢のような原稿催促を繰り返してくれた編集の戸田幸子さんにも改めて感謝申し上げます。自分よりも若いお二方と本づくりのアイディアを出し合うのはとても新鮮であり、刺激的でもあります。これからもよろしくお願いいたします。

教育にも〈不易〉と〈流行〉があります。〈不易〉をしっかりと押さえつつ、時代の変容には敏感であらねばならない、それがいま教師に求められています。今後とも更なる実践と研究に邁進することを決意して、あとがきとさせていただきます。

二〇一二年元日　自宅書斎にて　堀　裕嗣

【主要参考文献】

『全員参加を保障する授業技術』堀裕嗣・研究集団ことのは・明治図書・二〇〇一

『発信型授業で「伝え合う力」を育てる』堀裕嗣・明治図書・二〇〇三

『教室プレゼンテーション・20の技術』堀裕嗣・研究集団ことのは・明治図書・二〇〇二

『聞き方スキルを鍛える授業づくり』堀裕嗣・研究集団ことのは・明治図書・二〇〇二

『インタビュー・スキルを鍛える授業づくり』堀裕嗣・研究集団ことのは・明治図書・二〇〇二

『新版 想像力と文学教育』太田正夫・創樹社・一九八七

『向上的変容を促す授業の技術』野口芳宏・明治図書・一九九〇

『ストップモーション方式による授業研究の方法』藤岡信勝・学事出版・一九九一

『中高生のためのやさしいディベート入門』藤岡信勝監修・上條晴夫・学事出版・一九九六

『反駁ゲームが楽しいディベート授業』近藤聡・学事出版・一九九七

『マクドナルド化する社会』ジョージ・リッツァ・早稲田大学出版部・一九九九

『ファシリテーション入門』堀公俊・日経文庫・二〇〇四

『今すぐできる！ファシリテーション』堀公俊・ＰＨＰビジネス新書・二〇〇六

『ファシリテーション・グラフィック』堀公俊・加藤彰・日本経済新聞社・二〇〇六

『オープン・スペース・テクノロジー』ハリソン・オーエン・ヒューマン・バリュー・二〇〇七
『ワールド・カフェ』アニータ・ブラウン他・ヒューマン・バリュー・二〇〇七
『ワークショップ・デザイン』堀公俊・加藤彰・日本経済新聞社・二〇〇八
『ファシリテーターの道具箱』森時彦・ファシリテーターの道具研究会
・ダイヤモンド社・二〇〇八
『対話する力～ファシリテーション23の問い』中野民夫・堀公俊・日本経済新聞社・二〇〇九
『ロジカル・ディスカッション』堀公俊・加藤彰・日本経済新聞社・二〇〇九
『アイスブレイク入門』今村光章・解放出版社・二〇〇九
『決めない会議～たったこれだけで、創造的な場になる10の法則』香取一昭・大川恒
・ビジネス社・二〇〇九
『ワールド・カフェをやろう』香取一昭・大川恒・日本経済新聞社・二〇〇九
『インクルーシブ教育の実践』コンスタンス・マクグラス・学苑社・二〇一〇
『ファシリテーション実践学』武田正則・学事出版・二〇一一
『授業づくりネットワーク2～ファシリテーションで授業を元気にする』学事出版・二〇一一
『ホール・システム・アプローチ』香取一昭・大川恒・日本経済新聞社・二〇一一

堀　裕嗣（ほり・ひろつぐ／札幌市立北白石中学校教諭）

北海道教育大学札幌・岩見沢校修士課程・国語科教育専修修了。1991年札幌市中学校教員として採用。学生時代、森田茂之に師事し文学教育に傾倒。1991年、「実践研究水輪」入会。1992年、「研究集団ことのは」設立。現在、「教師力BRUSH-UPセミナー」代表、「研究集団ことのは」代表、「実践研究水輪」研究担当を務める傍ら、日本文学協会、全国大学国語教育学会、日本言語技術教育学会などにも所属。

『全員参加を保障する授業技術』『学級経営力を高める』『絶対評価の通知表』（以上明治図書）『通知表所見文例集』（小学館）『学級経営10の原理・100の原則』『生徒指導10の原理・100の原則』『学級活動ワークシート』（以上学事出版）など著書・編著多数。

E-mail：hori-p@nifty.com
Blog：http://kotonoha1966.cocolog-nifty.com/
Twitter：kotonoha1966

教室ファシリテーション
10のアイテム・100のステップ
～授業への参加意欲が劇的に高まる110のメソッド～

2012年３月５日　初版発行
2014年５月１日　第６版発行

著　者　堀　裕嗣
発行者　安部英行
発行所　学事出版株式会社
〒101-0021 東京都千代田区外神田2-2-3
電話 03-3255-5471
http://www.gakuji.co.jp

©Hirotsugu Hori, 2012, Printed in Japan

編集担当　戸田幸子
編集協力　徳丸留美子
装丁・イラスト　イクタケマコト
印刷製本　研友社印刷株式会社

ISBN978-4-7619-1884-2　C3037

●「10の原理・100の原則」シリーズ●

いま、教師に必要なのは、
「**成功すること**」ではなく「**失敗しないこと**」！

学級経営10の原理 100の原則

学級担任必読!

困難な毎日を乗り切る110のメソッド

堀 裕嗣 著
札幌市立北白石中学校国語科教諭／「研究集団ことのは」代表

中学校の現役国語科教師として、国語や学級経営関係研究会の主宰として活躍する著者が、小さな学校で学年主任として新任教師に指導した経験をもとにまとめた一冊。初任者には学級経営の入門に、中堅〜ベテランにはこれまでの見直しに最適。

＼好評発売中！／

●四六判／176頁
●定価（本体1,400円+税）

第1章「学級をマネジメントする10の原理」
学級経営に関するすべての取り組みにおいて、教師が意識しなければならない原理を10に整理し、主に学級開きを例に紹介。この10原理を身につけるだけで、学級経営上に起こっているトラブルの多くが解決されるであろう大切な基本原理です。

一時一事の原理／全体指導の原理／具体作業の原理
定着確認の原理／具体描写の原理／時間指定の原理
即時対応の原理／素行評価の原理／一貫指導の原理
同一歩調の原理

第2章「学級をマネジメントする100の原則」
学級経営を具体的な10の要素に分け、それぞれに10の原則、あわせて100の原則を紹介しました。

学級組織づくり10の原則／席替え10の原則／給食指導10の原則／清掃指導10の原則 ／ショート・ホームルーム10の原則／リーダー育成10の原則／学力向上10の原則
家庭訪問10の原則／通知表所見10の原則
職員室の人間関係10の原則

学事出版 ご注文は http://www.gakuji.co.jp または 03-3253-4626 まで

●「10の原理・100の原則」シリーズ●

いま、教師が最も手を焼いている〈脱・社会生徒〉。
彼らを理解するための原理と、指導が機能するために必要な原則はこれだ!

生徒指導10の原理 100の原則

待望のシリーズ第2弾!

気になる子にも指導が通る110のメソッド

堀 裕嗣 著
札幌市立北白石中学校国語科教諭／「研究集団ことのは」代表

最近、問題傾向をもつ生徒の質が変わってきている。すなわち指導が〈落ちる〉のに〈通らない〉。そんな生徒が多数派を占める中で、本当に機能する生徒指導とは──。

第1章「生徒指導を機能させる10の原理」

生徒指導を行う上の前提として、教師が意識しておきたい理論を10列挙し、イメージをつかむためのマンガとともに解説。これらを知っているか知らないかで、生徒指導の力量に大きな差が出る10原理。

スクール・カーストの原理／サイレント・マジョリティの原理
ヒドゥン・カリキュラムの原理／ブロークン・ウィンドウズの原理
イニシアティヴの原理／インクルージョンの原理
マクドナルド化の原理／パッチング・ケアの原理
FMCチームワークの原理／自己キャラクターの原理

第2章「生徒指導を機能させる100の原則」

生徒指導を行う上で重要な原則について、それぞれに10の原則、あわせて100の原則を紹介。

基本として身につけたい10の原則／生徒を観察する10の原則／生徒との距離を調整する10の原則／事実を確認する10の原則／生徒を説得する10の原則／現場に対応する10の原則／保護者に対応する10の原則／年度当初に徹底する10の原則／自分の現状を知る10の原則
自らの身を守る10の原則

●四六判／192頁
●定価（本体1,500円+税）

好評発売中！

学事出版 ご注文は http://www.gakuji.co.jp または 03-3253-4626 まで